"技术要点"系列丛书

站位城市·谋划产业

都市文博区

华高莱斯国际地产顾问（北京）有限公司 ◎ 著

北京理工大学出版社
BEIJING INSTITUTE OF TECHNOLOGY PRESS

内 容 提 要

《都市文博区》是一本从多个维度介绍不同类型文化场馆聚集区的城市研究书籍。本书将城市中那些由多个文化场馆尤其是由多个博物馆聚集而成的城市文化功能区，称为"都市文博区"。本书力图通过对全球城市及重要城市中都市文博区的特色分析，为国内大城市及文化富集地区的文博区建设拓展观察视野，提供发展思路；同时，本书也针对中小城市如何打造特色化的文博区，给予了路径指导。都市文博区，不仅是城市文脉的展示载体和城市文化的符号，更是城市吸引高素质人才的重要磁极。因此，无论是希望城市能更加突显文化魅力，还是希望城市在城市竞争中获胜，《都市文博区》都值得那些有远见的城市管理者与运用者阅读。

版权专有　侵权必究

图书在版编目（CIP）数据

都市文博区 / 华高莱斯国际地产顾问（北京）有限公司著 .-- 北京：北京理工大学出版社，2022.6
ISBN 978-7-5763-1380-2

Ⅰ.①都… Ⅱ.①华… Ⅲ.①文物工作—研究 ②博物馆—工作—研究　Ⅳ.① K85 ② G26

中国版本图书馆 CIP 数据核字（2022）第 098205 号

出版发行 / 北京理工大学出版社有限责任公司
社　　址 / 北京市海淀区中关村南大街 5 号
邮　　编 / 100081
电　　话 /（010）68914775（总编室）
　　　　　（010）82562903（教材售后服务热线）
　　　　　（010）68944723（其他图书服务热线）
网　　址 / http：//www.bitpress.com.cn
经　　销 / 全国各地新华书店
印　　刷 / 河北鑫彩博图印刷有限公司
开　　本 / 710 毫米 ×1000 毫米　1/16
印　　张 / 15　　　　　　　　　　　　　责任编辑 / 钟　博
字　　数 / 216 千字　　　　　　　　　　文案编辑 / 钟　博
版　　次 / 2022 年 6 月第 1 版　2022 年 6 月第 1 次印刷　　责任校对 / 周瑞红
定　　价 / 30.00 元　　　　　　　　　　责任印制 / 边心超

图书出现印装质量问题，请拨打售后服务热线，本社负责调换

版权声明

本书及其中全部作品的著作权及其他相关合法权益归华高莱斯国际地产顾问（北京）有限公司（以下简称华高莱斯）所有，未经华高莱斯书面许可，任何单位和个人不得以摘抄、改编、翻译、注释、复制、发行、广播、汇编、通过信息网络向公众传播等方式使用其中全部或部分内容，否则，将可能承担相应的行政、民事甚至刑事责任。华高莱斯将通过一切法律途径维护自身的合法权益。

总 序

通俗讲技术，明确指要点

我们这套丛书，从诞生的那一天开始，就有了一个不变的名字——"技术要点"。之所以叫作"技术要点"，是基于我们撰写这套丛书的两个基本信念——"通俗讲技术"和"明确指要点"。

所谓"通俗讲技术"，就是我们相信，无论是多么高深、多么艰涩的技术难题，只要是作为研究者的我们真正理解了，也就是说，如果我们是真正的内行，并且真正把这些技术难题给吃透了、弄通了，那么，我们就有能力向任何一个外行人，把那些高深、艰涩的技术难题用最通俗的语言讲述清楚，就像爱因斯坦可以给普通大众讲解清楚相对论的原理那样——能把复杂的问题讲通俗，这叫智慧；相反，如果非要把一个原本通俗的东西弄复杂，那不叫水平，顶多叫心机。您在我们这套丛书的各个分册中，能看到我们所讲述的一项项新兴的技术，以及与之相关的科学原理。看完我们的讲述，您不一定会去"搞科研"，但至少能保证让您"听明白"，这就是我们所坚持的"通俗讲""讲技术"。

第二个基本信念是"明确指要点"。这样的信念，是因为我们想撰写一套"有用"的书，所谓"有用"，又有两层含义，其一是想让写作者麻烦，而让阅读者简单——所谓写作者麻烦，就是要让写作者在撰写过程中，不厌其烦，遍查资料，并且能纲举目张，秉要执本，这样，才能让阅读者不用再去做那些去粗取精、去伪存真的事情，而是在简单愉快的"悦读"中，就能掌握相关技术要点；其二是有用，而且好用，在掌握关键点的基础之上，如果阅读者不只是为"知"，而且还想要"行"，那么我们所列出的这些"技术要点"，就马上可以成为您行动的计划书与路线图，不但能用、有用，而且可以做到很好用、直接用。所以，我们不但要指出要点，还要"清晰地""指要点"。

以上两个基本信念，就是我们编写这套丛书的出发点，同时，也是我们向读者们所做的郑重承诺——在科学日益昌明、技术日新月异的时代，作为一个地球人，作为人类大家庭中的一员，无论我们是要做企业，还是居家过日子，也无论我们要当市长，还是只想做普通市民，我们都不得不去面临许多过去不曾听说的新科技，并要面对由此所带来的诸多困惑——越是处于这样容易迷惘的时代，理性认知也就变得愈加重要，而我们这套"技术要点"丛书，就是想要成为您的同行者和同路人，做您理性认知世界、客观认知时代的好帮手！

华高莱斯国际地产顾问（北京）有限公司
董事长兼总经理　李忠

卷首语

城市，如何聚集文化

我们的题目，叫作"如何"，而不是"要不要"，因为在我看来，"城市"和"文化"之间，并不存在要不要的问题。从人类城市发展的漫长历史来看，"无文化，不城市"这个结论，肯定是对的——我们很难想象，有哪一个城市，离开了文化设施，还能健康地发展；我们也很难想象，有哪种强大的文化艺术门类，离开了城市还能兴盛。因此，刘易斯·芒福德才会把城市定义为"文化容器"，他还专门引用美国文化人类学者罗伯特·雷德菲尔德的话指出"城市的作用在于改造人"，那么，我们就可以由此得出一个结论：城市，正是一个以"文"化"人"的地方。

因此，"文化"之于城市，并不存在"要不要"的问题，而只存在"如何要"的问题——如果我们要进一步对这个问题进行一番经济学上的表述，那么或许可以这样说，作为一种产业的文化，对于城市而言，且不论其自身经济效益如何，单就其"外部性"进行分析，也具有极大的"正外部性"。

是的，站在城市政府的角度，并不能保证在自身的城市中，所做的那些文化产业都能赚钱。在很多时候，这些文化产业，特别是其中一些文化设施的硬件投入，非但不能收回投资，反而还需要有持续的投入来维护其正常运营。但是，我们若是站在城市发展的角度分析问题，那么，对于文化的投入与产出，在更多时候，就不能只是算小账，还要算一算"大账"——接下来就从小到大、由近推远，算三笔关于文化的"大账"。

其一，城市更新。

现在只要一提到城市更新，就会有很多人本能地想到去创建一个文创区，而其标杆就是"798"模式。其实，如果你仔细去考察一下，就会发现，在全国乃至全世界的范围内，这些以文创为主导产业的城市更新计划，失败的相对多，而成功的相对少。甚至连"798"本身，在经济上，也很难说是成功的。但是，如果我们去算一算"798"为这座城市所产出的"美誉度"和"人气活力"，那这件事的成败标准，就该另当别论了。更重要的是，如果我们能换一个思路，就可以像伦敦东部科技城的城市更新计划那样——不是把文创看作一种能实现盈利的产业，而是将其视作一片城市的落后地区走向全面振兴的"先导手段",那提升人气的作用就要大得多,对特定目标人群的吸引,也要准得多——文创活动有一个很大的作用,就是能让一个看上去原本有点破烂的老城区,在一群艺术家的手里,七刷八弄,花不了太多钱,就让人从感到"破败"转而觉得"有趣",从而率先带动起餐饮娱乐业的发展,这也就能使一个原本没落的地区,慢慢变得又有了人气,而且是那种有青春感、有活力的人气……这样一来,如果能更进一步,在此人气的基础之上,改造一些有针对性的公寓类居住设施,那就有可能把这些"人气资源"转换为"人力资源",并在此人力资源的基础上,去发展有着很强税收贡献能力的科创产业,最终依靠科创企业所带来的收益,来完成这个地区最终的城市更新——如此一来,以文创为振兴起点,而以科创为更新终点就使城市更新成功的可能性大大增加。

其二,科技人才。

我们都知道,一个城市要想发展有竞争力的高新技术产业,如果没有优质的科技人才,那是断断不行的,因为"知识经济,就是知识分子经济"。因此,现在没有哪个想谋求发展的城市,不想吸引年轻的科技精英——那么,就让我们问一句,这些高学历、高素质的年轻人,他们又喜欢什么呢?专业对口、生活配套这些当然都是需要的,但这都是吸引他们的"基础分",也是城市政府应该做的"必答题"。那么,哪些才是能吸引他们的"附加分",什么又是能产生这些"附加分"的"选择题"呢?在很大程度上就是文化!从图书馆到博物馆,从高雅戏剧到流行音乐,从大剧院到小剧场,这都是现在的年轻科技精英喜欢并追逐的时尚。甚至可以这样说,"科研成果是由科学家创造出来的,但科学家们喜欢谈论的,却常常都是艺术!"因此当全国各地的城市政府都在纷纷往"科学城"和"科技园区"上发力时,我们的确应该特别重视"大科学装置"的作用。因为这些专业对口的大型科研设施,的确是吸引相关科技人才的"强力磁极"和"灵丹妙药"。但是,可千万不要忘了为这些科技装备配上相对应的文化设施。因为这些为高素质的人所喜欢的文化与艺术,正是那个能大大增强城市的人才吸引力,特别是科技人才吸引力的"药引子"。

其三,人口增量。

现在每一个城市政府都知道,人口增量是个好东西!这不但不是负担,还是资源,而且是用以发展生产、改善生活、提升城市竞争力最重要的资源!因此,在祖国的大地上,现在打得最热闹的就是各城市之间的"人口大战"。要打赢一场"人口大战",也就是要想持续获得人口增量,生活设施和工作机会当然是重要的。那么，接下来让我们再讨论一个问题——一个城市"有名"对吸引人口重要吗？当然重要！比如让我们说一个城市——作为黄帝故里的新郑市——我上一次在新郑讲课时，当时新郑组织部的黄部长就给我讲了一件很有代表性的事情——他们每年都会主动地到中国几个一流高校里去招揽人才，特别是科技人才。每当这些年轻人听到黄部长真诚地邀请他们来新郑市工作时，他们也会很认真地反问一句，"那您告诉我，我为什么要去新郑市工作呢？"讲到这里，黄部长很自豪地对我讲，"你知道吗？每当他们这么反问我时，我们的谈话已经有了一个最好的开端——最被动的其实是遇到另外一种情况，那就是我来告诉他们，我们是某某县市的，欢迎您毕业后来我们这个县市工作。结果人家却一脸茫然地问道，某某县市在哪？是哪个省哪个市的？这样一来，就连沟通的基础都没有了！"是的，黄部长这段话的确说到了点子上！在今天这一个样"传播为王"的注意力经济时代，在中国的2 800多个县市区中，让别人知道你，事实上已经变成了一种极为重要的竞争力！如果要想让那些与你家乡毫不相干的人都能知道你的家乡——文化就比经济更有效——文化比经济、名声跑得要快得多，传播也要远得多。

  以昆山为例，作为一个县级市，昆山一直高居中国经济百强县的第一名，已经很多年了。这个事实，中国的地方官员几乎都知道，但普罗大众未必尽知；作为一个经济非常发达的地区，昆山有一系列实力强劲的产业园区，其中的台商园区更是蜚声海外，这样的发展状况，中国几乎所有商界的从业人士都知道，但一个不从事经济工作的人未必知晓；除了经济，昆山的科技实力也很强大，特别是以梁子才教授领军的小核酸产业，那在业界更是独树一帜，因此，如果你是一个生物医药界的业内人士，那你一定会听到过"做核酸，到昆山"这句话，而如果你并不了解生物医药是一个什么样的行业，你当然也就不可能明白，昆山这样一个县级市在这个行业中所占据的独特位置。但是，无论你是哪里人，也无论你是做什么行业的，在今天的中国，只要你喜欢玩手机（这个门槛已经非常低了），那你大概率就会知道，有两张非常亮丽的中国文化名片，可都是属于昆山的：一个是"周庄"，另一个是"昆曲"！这可是大部分中国人知道的事儿！更重要的是，再过个几百上千年，我们刚才所说过的那些与经济与科技相关的因素，到底还存在不存在，谁也不好说。但是，"周庄"与"昆曲"，特别是"昆曲"，即使再过上一个一千年、两个一千年，也一定还会在华夏民族后世子孙的口中，口口相传。

  即使你现在找到一家最权威、最负责的专业评估机构，让它们评估一下，在昆山经济发展的过程中，"昆曲"与"周庄"这两张文化名片到底起了多么大的作用，我相信，这也是很难有一个明确而统一的定论的。但是，哪怕你去找一个很普通的导演或传播公司，让他们帮你去做宣传，通过策划一系列的传播与活动，从而能让你这个地区，确保也能有一两张像"昆曲"与"周庄"那样知名的文化名片。那有两个事实是一定会出现的——其一，他向你报出的预算费用一定会是个天文数字；其二，他一定会告诉你，即使这些钱花下去，成功的可能性也还是很小的（当然，如果他不是一个骗子）。这样，就可以反过来向我们证明，在吸纳人口、吸引人才、聚集产业等方面，这种声名远播的文化名片，对一个城市或一个地区而言，是多么难得和值钱！

我认为，城市需要文化这件事不用多做论证了。我们唯一需要讨论的，是城市如何吸引文化及城市如何聚集文化——这不是一个"做不做"的问题，而是一个"怎么做"和"如何做"的问题。因此，我下面要讲的这一系列问题，都是属于方法论范畴的。但是，其中的每一条，也都涉及认识论的问题，还不得不涉及一些概念的界定，但是我们还是主要讨论如何解决问题的方法——毕竟在上大学时听各种学术讲座，我就明白了一件事，文化、艺术、文艺、文化现象、文化产业、艺术家、艺术流派等，这些概念的内涵与外延，是非常难以界定的。如果我们把所有的行文都用在这些概念界定上，相信你也就不会再看我这篇文章了。因为这类的学术论文，现在在中国各类杂志上都应有尽有，也不缺我这一篇。因此，我的这篇文章以及这本书写作的出发点，都是类似胡适先生的那句话——少谈些主义，多研究些问题。

对于具体操作细节的研究，在本书的后续文章中，会陆续展开，而我的这篇文章中要讲的，是一些常识性的认识和共同性的手法——虽然说是"常识"，但并不意味着就容易做到，恰恰相反，过去20多年的顾问从业经验告诉我，在今天国内的许多行业中，其实既不缺有宏图抱负的人，又不缺有奇思妙想的人，真正缺乏的，反倒是那些对本行业既有经历又有经验最后有常识的人！这就如同在一支军队中，最值得一个国家所珍惜的，其实既不是那些熟读兵书的人，更不是那些胸有奇谋的人，而是那些真正打过仗、有战场实战经验、对战争有常识的老兵！

好了，回归正题，下面就仔细讲一下，当一个城市真正要"吸引文化"并"聚集文化"时，需要知道哪些"常识"，又需要采取怎样的"做法"呢？

常识一，既要逝去的经典，又要活着的大师。

中国有一个成语叫作"盖棺定论"，还有一个成语叫作"崇古抑今"，这两句话在中国人写文化评论时，体现得最为明显。当现在各个城市都在文化上发力的时候，无论是绘画还是音乐，无论是戏剧还是文学，许多官员的话语方式，常常会出现这样的情况——说到本县过往的名人，那一定就是我们历史上的某某大师；而一提到本县当代还活着的作家，那就变成了县文联里"那个老谁"。事实上，对任何一个艺术门类而言，有一句话是绝对真理，叫作"没有艺术，只有艺术家"。换言之，尊重艺术，就是要尊重艺术家；聚集艺术，就是要聚集艺术家；而投资艺术，最有效的措施，就是多花一些钱在这些艺术家身上。

对历史上的经典尊重，当然是对的，但是对一个城市而言，如果仅有历史上的经典，是远远不够的。对比一下英格兰的两个小镇——埃文河畔的斯特拉斯福德镇，名字叫"莎士比亚的故乡"。若论在英国文学史上的位置，无人可以出莎翁之右，而现在这座小镇，却也并没有再出一个"小莎翁"或者"小小莎翁"。因此，从本质上说，这里现在出售的是"历史"而非"文学"。与之形成鲜明对比的是七橡树镇，它有另外一个名字叫作"文学小镇"，虽然在历史上也有些亮点，但毕竟没有出现过像莎翁那样的重量级文化名人，但现在这里形成了"七橡树读书节"，是一个能吸引"活着的"作家聚集并持续培养"活着的"作家的地方！

这里之所以强调是"活着的"，有两层含义。其一，没有"活着的"艺术家，是没办法真正成为某一方面的艺术中心的——你见过一个艺术中心，是只靠放过去的唱片支撑的吗？就算来演奏的不是唱片，而是某个著名乐团，那也需要有"活着的"著名指挥才行！这不还是要靠活人撑场子吗？故人撑住场子的，那叫纪念馆；有活人来做演出的，那才叫艺术中心！其二，对艺术千万不要叶公好龙，不要等艺术家都快不行了，才赶过去握着老人家的手，问问他还有什么遗愿——对艺术家最好的尊重，就是趁着他们现在这双手还能拿得动画笔、托得起提琴、按得了快门时，多给他们一些帮助，延长他们艺术创作的黄金期——对艺术的尊重，最重要的就是对艺术家艺术生命的尊重，而不只是表现为对他们生命终点的尊重。

常识二，文化需要大师，大师需要生活。

当一个城市要给我们"活着的"艺术家帮助或者通俗点说是给补贴时，是补贴工作还是补贴生活呢？最好是补贴生活，也就是多帮他们解决一些生活问题，让他们在有了生活的基本保障之后，安心地进行艺术创作。

在人们的眼中，艺术大师的生活都是非常光鲜的——一场演奏下来，不是鲜花，就是掌声。如果你真正了解这些艺术家的真实生活，你就会发现，对他们大多数人而言，在家练琴的时间要比在台上演出的时间长得多；等待演出的日子要比登台演出的日子多得多。那么，在等待的时间中，他们靠什么过日子呢？相信大多数人都会说，郎朗演出一场收入会有多少多少，但你一定要知道一个事实，并非每一个钢琴家都是郎朗，就像并不是每一个画家都是毕加索——艺术市场的"头部效应"

是极为明显的，行外的人所关注的，常常是顶级大师，而且对他们经济收入的定义，也常常来自他们一生中最辉煌的那几年收入。可是，只要稍微细想一下，我们就会明白三个最现实的道理——每一个行业，究竟有多少个顶级大师；每个顶级大师，又有多长时间处于自己的巅峰状态；即使是在巅峰状态，他又能有多少演出机会去获得顶级的收入！这样算下来，你就会明白，即使是艺术大师，也是一群需要考虑养家的人——他们也有孩子要上学，也有老人要就医，过起日子来和我们是没有什么两样的。

因此，如果你仔细了解一下，那些世界上很多艺术名城的"养成计划"，你就会发现两个非常普遍的规律——其一，补贴艺术家的生活，而不是其创作；其二，要给那些有可能成名的艺术家们送面包，而不是给那些已经成名的大师们献鲜花。最为典型的，像美国纳什维尔那样的"乡村音乐之都"——它们对艺术所做的最为得力的"孵化"就是专门建造一栋"音乐家公寓（赖曼公寓，Ryman lofts）"，然后再设立一个由专业艺术家组成的理事会（注意不是由市领导组成的），作为市政府的顾问委员会——任何一个人，如果觉得自己是一位有能力的音乐家，都可以向这个委员会提出申请，在得到认定后，就可以免费入住"音乐家公寓"。

公寓不但舒适、隔声，而且可以配上相应的乐器，以供艺术家们创作练习用——入住时间起点多是半年，并非终生免费居住。期限的长短是由艺术家创作出的作品的水平决定的——如果您在这里是免费蹭房，毫无建树，那半年后就会请君走人；相反，如果您在此居住期间，创作出了属于您自己的《命运交响乐》，那么这间公寓的命运也就由您决定了——如果您能赏光成为本市居民，并想永久在此居住下去，那可真是本市全体市民的荣幸！

常识三，艺术需要经营，艺人需要帮手。

当然，艺术家的收入不能只是靠补贴，更何况大多数的艺术家可不只是满足于生活的基本需求，他们对于财富也是很渴望的——因此，才会有这么一句话，"我很爱和商人聊天，特别是喜欢和爱收藏的商人聊天，因为他们谈的常常都是艺术；我最讨厌和艺术家聊天，因为他们谈来谈去，谈的全都是钱！"如果上面两拨人你都接触过，你就会发现，这句话所说的的确是实情！

爱财本无可厚非，至少我本人接触下来，发现绝大多数好的艺术家都不是好的商人，反而是那些"伪大师"和"伪艺术家"，他们倒个个都是非常优秀的商人。因此，当一个城市想吸引更多的艺术家时，在解决了他们的生活问题之后，最好也能帮他们解决"艺术生产"的问题——让我们把话说得再直白一点儿，那就是要帮艺术家发财！如果一个城市能够让某个门类的所有艺术家都发现他们来到这个城市，不但能靠作曲吃饭，还能通过写歌发财，并且是发大财，那你尽可以放心，他们一定会不请自来！

有一种行业，叫作"生产性服务业"——其实，各行各业都有着属于自己的"生产性服务业"，我自己所从事的顾问咨询，其实就是一种典型的"生产性服务业"。艺术生产，也需要有针对性的"生产性服务业"——艺术经纪人、艺术助理、拍卖师、音响师、裱画师，甚至专业的艺术评论家，都属于文化产业中的"生产性服务业"。如果一个城市在聚集一种艺术门类时，能把这类与艺术相关的"艺术服务业"成体系地做起来，那就能形成一个有针对性的服务平台，并且还能成为吸引艺术家进一步聚集的最好磁极。

写到这里，就一定要强调一句，在所有这些"帮手"中，艺术家们最需要的帮手是版权保护！艺术家们最需要的"艺术服务业"是针对"版权保护""版权注册""版权拍卖"的一条龙服务。如果地方政府能在自己的辖区内，设立一家专门进行艺术版权执法的专业法庭，那将是艺术家们特别是中国当代艺术家们的最大福音！这当然也是因为我国在版权保护方面，还有很长的路要走……

常识四，聚集降低成本，聚集增加收入。

通过上述三条讨论，我们已经知道，当一群艺术家来到一个城市时，他们既需要生活配套，又需要文化设施；既需要生活性服务业，又需要艺术服务业。那么，这样的设施和配套，是集中一点好还是分散布局好呢？答案是一定要集中，一定要聚集！

由于聚集而成就的文化艺术区，成功的有两个：伦敦西区和纽约的百老汇。如果你仔细观察一下其中三种人的行为轨迹，就会发现，其中的三类主力人群是艺术家、观众和艺术服务者，这三种人都爱聚集，但这三种人聚集的理由，又各有各的不同。

艺术家们爱聚集，不光是因为他们要在一起切磋、交流，还因为艺术圈本就是一个"人脉圈"——一个艺术家往往是另外一个艺术家最好的经纪人！因此，搞艺术的人都知道三个字叫作"混圈子"——他们有竞争，更有合作，无论想要竞争还是想要合作，聚集都是实现其愿望的空间前提。

观众也爱聚集，那是因为"省事儿！"——每次去纽约，我都一定会去百老汇，至少听一场音乐剧。站在百老汇的大街上，在我的身旁，常常能听到我们同胞所说的一句中文："哎，这里就是百老汇，咱们今晚就在这里听一场音乐剧吧！"请注意，他们并没有说是听哪一场，但没关系，来到百老汇你就总能听上一场！因为这里的音乐剧剧场，是一家挨着一家，这家满了，你可以去隔壁那家，这就像到了美食街，总不愁找不到好吃的。这样一来，由于卖家的聚集，引来了买家的聚集，最后，也就导致了各家生意都不错！

服务者要聚集，道理更简单——降低成本！在伦敦和纽约两个剧场的聚集区里，专业的机电维护人员大多不是一个剧场一班人，而是一班人服务几个剧场。这样，既能留得住那些工程师与灯光师中的高手，又不至于增加太多的养护成本。

所以，我们既可以说"无聚集，不艺术"，又可以说"无艺术，不聚集。"

常识五，没有市场就没有流行，没有"流行"就没有"经典"。

在大多数人的印象里，"流行"和"经典"似乎从来都是对立的。在人们看来，越大众越流行的，似乎也就是越低俗的；而越小众越经典的，似乎也就是越高雅的。也正是因为这样，艺术欣赏中才会有所谓"鄙视链"的存在——听经典的看不起爱流行的；在经典中听布鲁克纳的，又看不上听舒伯特的。如果有两人正在讨论关于勋伯格的话题，您为了加入讨论，就告诉他们您当年最喜欢听的是那位满大街都在卖的理查德·克莱德曼，那是加入不了他们的讨论的。

其实"经典"和"流行"并没有那么泾渭分明。如果你仔细研究过艺术的发展史就会发现，事实上人们今天眼里所有的"传统经典"，都曾经是古人们在某一段时间内的"大众流行"，比如唐朝的诗、宋朝的词、元朝的曲，如果这些不是那个时代的"大众艺术"，就不会产生这样数量足够多的作品，从而使其余韵不绝，绕梁至今！以至于时至今日，还能作为一种经典而被保存下来——并且这一转换几乎在每朝每代都会发生——如果你看过梅兰芳和齐如山的故事，就会明白我们今天视为"国粹代表"的京剧，其实就是清代中后期的"流行时尚"。在那个时候，世家子弟齐如山去做的，并非今天人们心目中的"保护国粹"，而是当时人们眼里的"流俗时尚"。他当年对于梅兰芳的支持与宣传，在当时那些"主流人群"眼中，和今天那些时尚追星族们做的事，是没有什么区别的。

因此，我们可以明确而大胆地说，如果一座城市想成为某一种文化艺术人群聚集的高地，那么就要让这一门文化艺术，在这座城市中，由"小众"走向"大众"，由"高雅"变成"通俗"，由"不知道"变成"很流行"，从而带动更多的人追星、"玩儿票"——当大家走在马路上，都能字正腔圆地吼两嗓子的时候，一座真正的"京剧之都"才会在大地上矗立起来！艺术的繁荣仅靠几个艺术学院里的精英是远远不够的，真正值得依靠的，是那些喜欢明星、支持明星，并且梦想成为下一个明星的普罗大众！

因此，繁荣艺术就是要普及艺术，而普及艺术最好的方法就是要制造流行——有"流行"，未必有"经典"；"不流行"，就一定无"经典"！

常识六，提高大众水平，尊重业余高手。

正如我们刚刚说到的，艺术繁荣，始于流行，成于普及，终于经典。一座真正的京剧之城，当然会是一座"名角之城"，但更重要的，还应当是一座"票友之城"——衡量一种文化是不是成了流行文化，不光要看有多少人"去听"，还要看有多少人"会唱"。这就如同在20世纪80年代初，有许许多多的年轻人，都是"文学青年"——他们不光是《人民文学》的忠实读者，也不只是路遥的忠实粉丝，他们是想更进一步地拿起笔来，写出自己生活的《平凡的世界》，回忆一下自己刚刚经历过的《人生》——他们一开始，都不是职业作家，但是到了后来，有些人就成了职业作家。而且有很多的人，一辈子都在进行写作，虽然是业余写作，但他们写出来的东西，同样也有经典！

"业余"二字其实是指一种职业状态，原本无水平高下之分。我有一个摄影界的好朋友叫金建国，他是一名业余摄影家，还出过一本书，名为《业余摄影家》。在此书的开篇老金就写道，所谓"业余摄影家"，就是指我们这类玩摄影，但并不以此为业的人，这可并不是说，我们不是在"认真地玩"，不是在"专业地拍"，更不表明那些所谓"专业人士"，水平就能比我们强多少——事实上，很多业余"玩儿票"的，却常常能把一件事做到极致。因为那些以此为生的职业人，未必会真心热爱他所做的这件事。那些肯把自己所有的业余时间都投入进去的业余人士，往往才是真正热爱这件事的人——热爱，是最好的老师！如果他本人再有些天分，那他比一般的专业选手有更高的水平，是完全不用奇怪的！比如在民国时期，京城最著名的京剧名票之一就是张伯驹先生，位列民国四大公子的行列，在文物收藏鉴定方面可是泰山北斗级的顶级高手；而在京剧票友里，至少也算是专业级的人物，以至于当我们今天再写京剧史时，张伯驹是一个绝对绕不开的名字。

因此，艺术界和科学界在专业和业余评判方面，游戏规则是完全不同的——对于艺术界而言，业余中的高手，不但"可用"，有时还很"可怕"。这"可用"的最好体现，就是我们现在在电视节目中常常看到的，那一系列"既出成果又出人才"的艺术选秀节目，从《超级女声》到《乐队的夏天》，民间高手那可是层出不穷；说到"可怕"，你只要看那位英国的苏珊大妈就知道了——关于这一点，你可以去读一读阿城那本著名的《棋王》，其中的主人公就说过一句非常有哲理的话，"怕江湖的，不怕朝廷的"。

常识七，没有挑剔的观众，就没有成熟的大师。

作为一座艺术之都的城市，形成之后，其真正的载体或者叫真正的基础又是什么呢？群众基础！这是我们普遍的认知和一致的回答。那么究竟是什么样的群众才是艺术的真正基础呢？其实，从各国各地的经验看，他们应该是同时坚持两个艺术原则的观众：

其一，见到好东西，就一定要出钱；

其二，不见到好东西，就一定不出钱。

正所谓"没有君子，不养艺人"——如果我们看看老北京的天桥，我们就知道，能在那里演出的艺人，大都是为了生存奉献自己手艺的人。正所谓"平地抠饼，对面拿钱"——在这句话里其实有一个潜台词，那就是"平地里可以抠到饼，在对面可以拿到钱"。如果不是基于这样的游戏规则，就不会有今天的侯宝林和刘宝瑞那些大师，他们当时都是由那些愿意出钱的观众养活的。正是因为在那个时代，他们通过天桥演出"活了下来"，又通过天桥演出"火了起来"，才有了后世人们心目中的大师。

可是要知道，当年之所以有人能在侯大师的相声摊前扔铜板，并不是因为他们同情大师当年的贫困，而是因为喜欢大师带给他们的欢乐——根据连阔如先生所写的天桥回忆，我们就能知道在当年的天桥里，能在此地被成就的人有不少，可在这里被饿死的人也向来不缺——但是，如果翻翻这些老艺人们所写的回忆录，你就会发现，在他们这些吃"开口饭"的人中，没有任何人抱怨过天桥！顶多只是会诉说有某些艺人，由于自己学艺不精，在天桥里讨不到生活，因此才冻饿而死。那些手里"有活儿"的，特别是手里有"绝活儿"的，不但能通过"撂地儿"演出，在天桥里活下去，还能在天桥里火起来！由此，我们可以看出，当年这些"天桥观众"，是一群真正有水平的"高素质"观众——是好东西，就一定扔钱；不是好东西，那一个子儿也不撂！这才是好的观众！这才是培养艺术家的真正沃土！这样的艺术环境才能成为既鼓励艺术又鞭策艺人的好地方，让他们一直希望通过自己的功夫来赚钱，通过自己的真功夫来赚大钱，最终才把他们锻造成了艺术大师！

同样的道理，你也可以去读一读迈克尔·波特所写的那本产业经济名著《国家竞争优势》，其中作者就特别强调，在一个国家或地区中，对于某一种产品内行而挑剔的使用者，是发展和改进这种产品非常好的客户资源。对实体经济是如此，对文化艺术产业更是如此！这里，之所以要加上一个"更"字，就是因为无论如何，艺术并非每个人生活中的"必需品"，毕竟只是人们生活中的"可选项"。购买者当然有权对其更加挑剔，因此我们才说只有有了内行而挑剔的观众，才能成就精深而成熟的大师！

写到最后借此做一个总结：在什么情况下，能说明一座城市真正成了某个艺术的"艺术之都"呢？我认为，那就是通过对于艺术家的引进、艺术的普及，从而实现了城市中艺术的真正流行——流行到一定程度，就使其从市民生活里原本可有可无的"可选项"中，变成了所有市民品位构成中不可或缺的"必需品"，这样一来，一座看上去无形但无比稳固的"艺术之都"就真正建立起来了！这种情形在 17 世纪的荷兰最为典型——事实上即使在那个被称为"黄金时期"的荷兰，也并非所有的人都那么有钱，但是在那个时候，即使是收入很一般的家庭，也要在家中挂上一幅油画，穷一点的家庭，无非是挂得少一点、画幅小一点、画家的名气差一点，但一定要挂！即使他们为此省吃俭用也在所不惜——因为他们觉得，家里如果没有油画，那就不是一个家！顶多，也只能算是一个没有品位的家！正是因为有了这样的想法，才造就了那个属于油画艺术的辉煌时代，有了我们今天所熟知的伦勃朗和维米尔——如果你去看看那部拍得很有油画质感的电影《戴珍珠耳环的少女》，你就会发现，其中隐含了一条文化艺术的聚集规则：艺术之都，非艺术大楼之谓也，非艺术大师之谓也，乃艺术大众之谓也！

华高莱斯国际地产顾问（北京）有限公司　李忠
董事长兼总经理

目 录
CONTENTS

001	都市文博区——用文化空间构筑城市聚场	李志鹏
011	柏林博物馆岛——德式精工的"诠释学"样板	梅 硕
025	"美人不老"的传奇——维也纳博物馆区	刘潇畅
037	照耀众生的盛世荣光——伦敦南肯辛顿文化区	金美灵
053	不忘初心的国家宝藏——美国华盛顿国家广场	徐 闻
065	公园里"藏"着一群博物馆——东京上野恩赐公园（博物馆群）	李 鸿
079	不想当博物馆的公园不是好动物园——斯德哥尔摩于高登岛重新定义博物馆名片区	陈 星
091	缺什么补什么的欲望都市——纽约"博物馆一英里"	张云星
105	财富之城的文化生意经——法兰克福河岸博物馆区	简 菁
117	活色生香的艺术殿堂——墨尔本亚拉河南岸艺术区	杜 玮
129	人间百老汇，都市金银岛	张天天
141	鹿特丹文博区——拼接散落的城市记忆	徐 航
153	城市复兴中的博物馆区沉浮记——以利物浦阿尔伯特码头博物馆群为例	金 悦
163	BBC出伦敦记——二线城市的新媒体中心崛起	李 丹
175	文化共享，溶解大学围墙——首尔大学路文化艺术区	覃文奕
187	从"深闺美人"到"大众情人"——台湾大学博物馆群的城市共享之路	毕 昕　沈依依
199	客官，来份肖邦？——艺术区对非一线城市的价值分析	吴晓璇
211	乡村音乐之都的星途之路	杨 帆　朱林爽

▲ 故宫博物院（图片来源：华高莱斯拍摄）

都市文博区——
用文化空间构筑城市聚场

文｜李志鹏　董事总监

"使人类有别于其他动物的地方在于，人类是唯一一种能够利用过去的知识和创新去创造的动物。"

——《思维简史：从丛林到宇宙》，伦纳德·蒙洛迪诺（Leonard Mlodinow）[①]

一、都市文博区：城市战争中的制胜武器

越来越多的中国城市已经关注到了知识经济的崛起。当意识到未来的经济引擎不再是物质资产（如金矿、麦田、油井），而是拥有新知识的高技能劳动力——尤其是科学家、工程师及其他主导新经济的专业人士后，几乎每个城市，尤其是重要城市都开始想尽各种办法出台政策、积极"抢人"。

然而此时，中国人口正在经历着一场前所未有的危机。在联合国人口署发布的《世界人口展望》2017年修订版中，预计21世纪末中国人口将出现倒"V"形反转，在低生育率状态下将加速下滑跌破10亿至6.13亿；2019年修订版更明确指出，中国人口有可能在2024年即达到14.5亿的峰值，至2027年印度人口将全面超过中国[②]，形成新的人口红利区。为了阻止可能的人口坍塌，2013年中国开放单独二孩政策，2016年实行全面二孩政策。但人口的增长，并未遵循政策制定者的想象路径。据统计，2017年中国出生人口为1 725万人，已经比2016年的1 786万人下降了3.5%；之后更是不断下滑，2018年为1 523万人，2019年为1 465万人，2020年出生人口根据公安部公布数据仅为1 003.5万人[③]，相关政策红利已不明显。未来潜在知识人群的总量增长，至此遇到了大麻烦。危机下，各地对知识人群甚至人口的吸引力，显然将重塑中国的城市经济版图。

---

① [美] 伦纳德·蒙洛迪诺.思维简史：从丛林到宇宙[M].龚瑞，译.北京：中信出版集团，2018.
② 联合国人口署：《世界人口展望（2017、2019修订版）》，https://population.un.org/wpp/Publications/.
③ 公安部：《2020年全国姓名报告》，2021年2月8日.

当争夺人才乃至人口的城市战争真正进入下半场时，我们会发现各个城市的政策条件在激烈竞争下将慢慢趋同，这对于拥有越来越高机动性的个人或先进企业来讲，势必将逐渐失去优势。那么，究竟怎样才能确保一个城市真正成为最后的赢家呢？

美国"二战"后最重要的思想家之一理查德·弗罗里达在《你属哪座城？》中强调了选择居住的城市将影响生活的方方面面，并在《创意阶层的崛起》中提出生活质量的高低是吸引创意阶层，即城市所需要的核心人才的关键。而美国社会思想家乔尔·科特金在《新地理：数字经济如何重塑美国地貌》中，则在这个基础上讲述了他的进一步发现："当个人或是先进的产业在全球范围内选址时，他们将不再需要寻求那些最大的、最便宜的、最受欢迎的地方。他们将寻求一种新的地方，一种对于他们价值观和内心深处都具有吸引力的地方。"①巨量引擎《2020新中产人群消费和媒介行为趋势报告》也从另一个角度证实了这一点，报告发现在"对精神层面愉悦和成长的重视已经成为大部分新中产群体（本专科学历以上占比近80%）重要的生活准则。"②因此，最终获胜的城市，必须不仅能为人才提供更具吸引力的生活质量，还要为他们提供能够引起精神共鸣的空间场所。

这意味着，都市文博区，这种集中和利用自身顶级文化资源（如博物馆、艺术中心、大剧院等），并围绕其打造与生活高度结合的多层次文化空间集群（如影院、画廊、工作室、主题商业、文化酒店、新潮俱乐部等），进而形成全国乃至世界范围独一无二的城市文化片区，无疑将成为未来争夺人才的惨烈城市战争中能够一举两得、真正制胜的高效武器！

从城市和经济角度看，打造同时在物质上提升生活质量、精神上满足文化需求的都市文博区，对于当下中国城市而言，更有着极为重要的现实意义。都市文博区在满足人民日益增长的美好生活需要的同时，还提升了城市名片和软实力，推动了城市"从功能城市到文化城市"③转型，从而破解上个历史阶段快

---

① [美]乔尔·科特金.新地理：数字经济如何重塑美国地貌[M].王玉平，王洋，译.王旭，校.北京：社会科学文献出版社，2010.
② 巨量引擎：《2020新中产人群消费和媒介行为趋势报告》，2020年8月28日.
③ 单霁翔.从"功能城市"走向"文化城市"[M].天津：天津大学出版社，2007.

速扩张遗留下的"千城一面"问题;而且这种都市文博区,还能放大文化消费的"口红效应"(即每当经济不景气时,人们的消费就会转向购买口红等廉价奢侈品,以换取心理慰藉,该理论在 20 世纪 30 年代美国经济大萧条时期首次提出),在经济压力持续加大、未来不确定性增强的情况下,为城市发展注入新的动能。

从历史上看,这种规律多次出现:如大萧条时代的美国,百老汇和好莱坞双星辉映;"泡沫经济"破灭后的日本,动漫、游戏等新兴文化产业实现了在全球的领先地位;亚洲金融危机后的韩国,则在世界范围成功掀起"韩流"、文化立国。而现阶段,中国文化消费的"口红效应"也开始浮出水面,2020 年即使在深受新冠肺炎疫情打击、线下活动长时间几乎停摆的情况下,仍表现出较强的韧性。根据国家统计局对全国规模以上文化及相关产业 6.0 万家企业的调查,2020 年调查的企业实现营业收入 98 514 亿元,在前三季度受重创比 2019

▲ 日本东京二次元圣地秋叶原(图片来源:华高莱斯拍摄)

年下降 0.6% 的基础上，全年仍增长 2.2%，接近 GDP 整体增速。[①] 复合化文化消费空间——都市文博区的打造，势必极大推动文化消费，作为新生力量实现对我国经济的进一步拉动。

更为关键的是，都市文博区还将形成新时代城市经济创新的土壤。美国著名理论物理学家伦纳德·蒙洛迪诺在《思维简史》中提出，人类学家将人类通过交流、学习、改进旧观念、交换灵感和洞察力进行文化累积的过程（会有相对较少的丢失）称为文化棘轮效应，"互联性"恰恰是文化棘轮效应中一个关键的运行机制。对于新观念的产生，进化遗传学家马克·托马斯更是归因于："并不是需要你有多聪明，而是要看你的交际范围有多广。"[②]

如今的知识体系越来越复杂，任何一个领域的具体问题，往往都更需要通过跨界碰撞迎来突破。这就使得，促进知识人群形成更广泛的交流互联，在现阶段城市发展中更为重要。打造都市文博区，将"通过重视、加强和充分利用环境，（使）城市提高了形成富有成效的区域内部交流的可能性"。[③] 作为不同背景知识人群共有的交流温床，都市文博区将成为新时代城市经济新的"超级激发场"。

二、都市文博区的实质：让文化殿堂走向人群

在前一个阶段的快速城市化中，顶级文化资源（如博物馆等）往往会成为离散的"孤岛"，与周边区域少有功能上的联系。这些文化资源也因此往往形成自身较为封闭的小圈子，过于关注"物"和业内人士，阳春白雪、曲高和寡。而要形成面向大众知识人群，且同时能在物质上满足生活质量、精神上满足文化需求的都市文博区，就必须借鉴国际经验，从空间、磁极和生态三个角度入手，变"关注物"为"服务人"，进行"城市聚场式"的全方位打造，让传统的文化殿堂通过走向人群来走入人心。

[①] 国家统计局：《2020 年全国规模以上文化及相关产业企业营业收入增长 2.2%》，http://www.stats.gov.cn/tjsj/zxfb/202101/t20210129_1812934.html.

[②] [美] 伦纳德·蒙洛迪诺. 思维简史：从丛林到宇宙 [M]. 龚瑞，译. 北京：中信出版集团，2018.

[③] [美] 刘易斯·芒福德. 城市文化 [M]. 宋俊玲，李翔宁，周鸣浩，译. 北京：中国建筑工业出版社，2009.

首先要以"神圣空间"先声夺人。都市文博区要成为区域或全国,乃至世界范围内知识人群聚集的理由,就要尽可能集中自身所有力量,在一定城市空间内率先营造出能引起知识人群精神共鸣的神圣感。都市文博区实现这个目标,一方面要在功能上,高度聚集甚至新增建设城市顶级的文化设施。全球最负盛名的一些文博区莫不如是,如东京上野恩赐公园集中了10多个博物馆,号称"文化之森";伦敦南肯辛顿则聚集了8个欧洲顶级的文化机构;华盛顿Mall更是汇聚了155处纪念性景观及74个博物馆。这种以多个博物馆为核心提升量级、形成文化圣地的文博区形式,甚至催生出了专门的博物馆群落研究。另一方面则要强化设计,突出大师建筑和惊奇空间,让文博区整体环境也能成为知识人群的"朝圣之地"。如汇集国际和本土建筑大师作品的东京上野恩赐公园,其中国立西洋美术馆更是勒·柯布西耶的"亚洲孤品";而华盛顿Mall则以3 200米×200米的城市巨型中央绿轴震撼访者心灵。

▲ 美国华盛顿Mall(图片来源:全景网)

其次要以"亲民磁极"拓展受众。一个城市的顶级文化资源，总有一些国家级甚至世界级的文化宝藏。将这些众所周知的磁极型宝藏从以往高高在上的位置请下来，让大量的普通人群能够接触、能够接受，文博区才能逐步影响到更多的人、服务更多的人。这种亲民化的举措主要有两种：一是让更多的人更方便地看到，如华盛顿国家档案馆将1776年美国建国文件原稿（《独立宣言》《美国宪法》和《权利法案》）陈列在一楼的圆形大厅，所有人路过即可近距离观看，首尔大学路则为学生设置露天舞台、让他们可以把专业化的文艺演出从小剧场搬到面向大众的街头；二是让更多的人更有趣地看到，如各类科学馆针对儿童的互动设施、VR/AR技术的应用，甚至沉浸式演出等。

最后也是最重要的，要以"多样生态"永续生机。只有建立起能够永续发展的经济生态，才能使文博区为城市持续吸引更多的知识人群。而这种生态要做到的就是简·雅各布斯在《城市经济》中断言的经济发展的核心——以多样化的新工作促进创新活力。成熟的都市文博区可以通过三类多样化的新工作来形成永续经济生态。一是根据互联网影响下知识人群的社群聚集趋势，核心文化资源以不同主题开展分众教育，协同发展。不仅大型博物馆聚集的文博区可以依托博物馆主题来进行，即使在墨尔本亚拉河南岸仅64公顷、毫无基础的文博区里，也能聚集11家面向不同人群、提供不同服务的文化艺术教育机构。二是文化资源带动下的横向、纵向产业，包括但不限于金融保险、媒体宣传、创意策划、智能制造等，如纽约百老汇便和周边曼哈顿的金融保险业关系密切。三是基于文化资源的生活服务和休闲娱乐，这通常包括主题餐饮、时尚商业、文化酒店、电影院等。在2003年，美国学者伊凡（Evan）指出，密集的文化与娱乐设施甚至完全能够把这些文化空间集聚区域包装得像一座"文化购物中心"。

三、都市文博区建设中，供需左右下的地理偏好

都市文博区显然不仅是一座文化购物中心，更是构建在地方自身顶级文化资源基础上，能够同时满足知识人群生活质量和文化需求的巨型城市综合体。都市文博区既是文化的消费者，也是文化的生产者。这类文化产品的地理偏好势必受到供需因素的重大影响。

文化产品的内外两种供给方式催生出两类不同的都市文博区。一类是政府通过非市场力量，在城市中心区聚集自身顶级文化资源，结合周边文化消费需求，打造形成的高水准的"中央文化区/艺术区"。这类文博区为"锚+"结构，高规格文化设施确定且强势，但需要在区域中补充大量生活服务、休闲娱乐配套。武汉、郑州、西安甚至北京等希望迫切提升自身文化吸引力的城市正在或适宜采用这种模式。另一类则是所依托资源支撑强大，内部文化生产供给充沛，自身即可催生出相应的都市文博区，这类典型代表就是各地"历史文化街区"及围绕大学形成的文化艺术区。这类文博区生命力强，但需要在区域中补充锚机构、填充现代功能，以免形成孤芳自赏和自娱自乐的状态。

从文化消费的需求端看，都市文博区面向人群的不同也形成两类。一类是面向精英需求，在城市中心区，尤其是中央商务区（Central Business District，CBD）附近形成的文博区，这种模式被称为"后街经济"，其在全球顶级城市中较为常见，尤其以纽约的百老汇和博物馆大道及法兰克福的博物馆水岸最为显著。中国北上广深等超级城市，也完全可以开始考虑在 CBD 附近同样进行相关的都市文博区建设。另一类则是面向大众需求，在城市外围，依托小镇形成的文博型都市短期休闲中心（City Break Center，CBC）。在这个模式中，建川博物馆所在的安仁小镇，已经踏出了尝试性的一步。这种面向需求的文博区，更应时刻关注市场变化，及时进行相应内容的调整，以保证自身的活力永续。

四、能成为城市的救世主吗？

积极打造物质上满足生活质量、同时在精神上满足文化需求的都市文博区，不仅能对知识人群产生强大的吸引力，而且能彰显城市名片、带动经济发展，更重要的是还有可能形成未来城市创新的超级激发场。让文化殿堂走向人群，城市成功借助都市文博区获得新经济动能的路径，已经被证实。而根据文化供需角度看，四类都市区域将使得都市文博区的打造更接近现实。

那么，都市文博区能成为城市的救世主吗？很遗憾，**都市文博区的作用更像是重新激活城市的引擎之火，它是一种路径而非结果。**乔尔·科特金在他的另一本著作《全球城市史》中，总结了都市文博区产业无法成为城市经济长久支撑的原因：艺术成就的发展（应该）在政治和经济发展之后；未来年轻人口的逐渐减少和人口流动性的增强，将不断削弱大多数城市文化相关产业，尤其是时尚产业的发展势头；以娱乐、旅游和注重"创造"功效为导向的经济，将很可能只推动一小群人实现阶级上升，从而使得城市逐步发展成为贫富人群不断割裂、社会分层加剧的"二元化城市"。为此，他特别发出警告，"由于将过多的精力集中在促进文化和建造威严的建筑上面，城市政府很可能会忽视传统工业、基础教育或基础设施"[1]。而理查德·弗罗里达似乎也在反思他的理论，早在2005年，他就描述了都市文博区建立兴起的"外部性"——它们所在的每个城市都带来了令人震惊的收入不均，2017年甚至又写了一本名为《新城市危机》的书进行检讨。

因此，我们可以得出结论，都市文博区的建设对于城市经济而言并不是十足的救世主，但其对现阶段的中国城市而言，仍有着不可估量的重要现实意义。如何用文化空间构筑城市聚场，我们试图用以下十几篇文章进行阐明，希望读者有所收获。

---

[1] ［美］乔尔·科特金. 全球城市史［M］. 王旭，等译. 北京：社会科学文献出版社，2010.

▲ 德国柏林博物馆（图片来源：全景网）

柏林博物馆岛——德式精工的"诠释学"样板

文 | 梅 硕 总监

以博物馆为核心的都市文博区，是很多国际化大都市的标配。

伦敦以大英博物馆为中心，方圆 2 千米内聚集了国家美术馆、伦敦博物馆等近 10 家大型博物馆，是全球知名的都市博物馆区；东京上野文化区是整个东京的文化艺术高地，包含了东京国立博物馆、国立科学博物馆等多个国家级的博物馆，代表着整个日本最高的文化鉴赏水平；纽约曼哈顿文化区更是通过以大都会博物馆为核心的博物馆群与百老汇剧院群的合力，成就了世界知名的大都市文博区，是纽约亮眼的文化旅游名片。

对于都市文博区而言，博物馆密度往往成为人们最为关注的指标，因为这象征着城市乃至国家的文化实力和地位。然而，只关注博物馆的数量是不够的。都市文博区不是简单的博物馆在空间上的聚集，是否拥有高质量、高能级的博物馆个体，将是决定都市文博区的含金量至关重要的指标。大英博物馆、东京国立博物馆、大都会博物馆分别构成了伦敦、东京、纽约都市文博区文化地位的重要基石。

在打造都市文博区（尤其是大都市重量级的文博区）之前，我们必须对都市文博区中最重要的部分——博物馆本身，有着明确的认知。我们必须知道博物馆的本质是什么，而且应该知道什么样的博物馆才能成为与都市文博区这个称号相匹配的、像大英博物馆一样的都市文博区的基石。

一、博物馆是对客观事实最权威的诠释

博物馆"家当"的展陈方式决定了博物馆的魅力。

陈，代表着陈列，自然是多多益善；展，代表着展示，也就是对于文物本身的诠释，诠释得越精彩，就越能够提升博物馆的魅力。而诠释这件事，至少包含了三个层次的内容：

首先是展示性，即被大众看到客观存在的事物，否则只能算是收藏。

其次是要有信息的主动传达，即对事物的客观解释，否则只能算是陈列。

再次是信息的传达一定要准确，否则就会丧失对文化历史解读的权威性。

其中，第三层级是博物馆的最高层次，代表着最完整的诠释。对于高能级的博

物馆，这种诠释的背后，往往隐含的是一种国家风范，就如同老师给学生批改作业、长者给后辈题字写序一样，博物馆的诠释相当于一个国家或民族，在为一段特定时期、特定地点发生的历史做解读。因此，级别越高的博物馆，这种解读应该越慎重、越精准。

在展陈方面，大英博物馆不愧为经典。大英博物馆的所有展板文字说明犹如字典名词解说一般简明流畅。这都来源于专业的策展师进行系统考量和设计。大英博物馆的策展师需要同时具备两种能力：对于展品的专业背景知识和对于观众立场的感同身受能力。这两种能力对于确保信息的准确传达是缺一不可的：专业的背景知识能够保证信息的准确传达；熟知观众能够让信息容易接收。而只有同时做到这两点，才是一次好的诠释，才能配得上博物馆的专业度。

2013年，大英博物馆举办了"庞贝与海格力斯城"的展览，目的是展示庞贝古城相关的考古发现。然而在展厅的布置上，大英博物馆并不是简单的文物陈列逻辑，而是按照古罗马人家庭的空间秩序来布展，从门前的石子铺成的图案开始，到日常生活用品，到艺术品和工艺品，再到建筑遗存。这样的设计，一方面严格遵循了古罗马人的生活逻辑；另一方面又让对庞贝不甚了解的观众更好地产生代入感，更好地感知庞贝古城的生活细节。①

由此可见，博物馆的本质是"诠释学"的逻辑，是对于客观事实的精准的、体系化的诠释。

在这一方面，固然有大英博物馆的珠玉在前，但是以严谨"精工范儿"著称的德国人更胜一筹。他们也的确在柏林打造了一座堪称"诠释学"样板的博物馆——柏林博物馆岛。

柏林博物馆岛位于柏林城市中心的天然的小岛上。岛的南端是原来的柏林城市宫，而北端聚集着五座高水平的博物馆，分别是柏林旧博物馆、柏林新博物馆、佩加蒙博物馆、旧国家画廊和博德博物馆。这里是柏林历史文化的原点，柏林所有博物馆都由此发展而来。1999年，柏林博物馆岛上的五座博物馆作为一个整体，被联合国教科文组织指定为世界文化遗产，被称赞为"延续的真实"。

柏林博物馆岛的"诠释学"逻辑，主要体现在两个步骤：第一通过精确的

---

① 策展人的布展心得：每件骨骼都会告诉我们它的故事[N].北京青年报，2016-04-19.

▲ 位于柏林市中心施普雷岛上的柏林博物馆岛 （图片来源：全景网）

考据，实现对历史的精准诠释；第二通过体系化的构建，实现柏林博物馆岛对于古典文明的"升维诠释"。

二、考据的力量——柏林博物馆岛的"精准诠释"

众所周知，普鲁士"军团建国"，论文化底蕴远不如英法，更不如我泱泱华夏五千年的文明积淀。那么缘何柏林博物馆岛可以称为"诠释学"的典范，甚至还要超过卢浮宫、大英博物馆和大都会博物馆呢？答案就是两个字——考据！而且是极度精准的考据！

1. 由"镇馆之宝"到"世界奇观"

对于大多数参观者而言，打卡"镇馆之宝"是他们游览博物馆的唯一理由。在这一点上，德国人与世界上所有的大博物馆一样，也树立了自己的"镇馆之宝"——佩加蒙博物馆中的宙斯大祭坛和伊什塔尔门。也正因为此，佩加蒙博物馆成了博物馆岛中最受欢迎的博物馆。

但是，佩加蒙博物馆的这两件"镇馆之宝"实在是太大了——宙斯大祭坛宽 35.64 米，前后进深 33.4 米，单是前面的楼梯就宽约 20 米；伊什塔尔门是双城门，德国人复原了较小的那个，高 14 米，宽 30 米。这样的体量，已经超过一般意义的文物，甚至可以称之为"遗迹"。即使如此庞大，也被德国的几个考古学家像蚂蚁搬家一样搬进了博物馆。

我们做个类比，相当于别的博物馆还是将秦汉时期的一块石砖装进玻璃罩子进行展览的时候，国家博物馆却在馆内建造了整座一比一的烽火台。这看起来费时费力，但德国人认为这是与历史中最精华的部分直接对话的最佳选择。为了这个选择，即便花费再长的时间和代价，都是物有所值的。

宙斯大祭坛的文物碎片于 1878 年被德国工程师卡尔·胡曼（Carl Humann）在土耳其发现。出于对文物的狂热保护欲，卡尔·胡曼在异国他乡全力地推进祭坛残片的挖掘工作。历时 8 年，在 1886 年他成功完成考古挖掘工作，并说服土耳其政府将其所有权交于当时的柏林博物馆岛。德国人在柏林重新建造了这个祭坛，并将浮雕碎片尽可能按照原来的位置进行还原。宙斯大祭坛第一次完整展出是在 1930 年，距离当初卡尔·胡曼的考古发现已经过去了 52 年。

就是在这样的逻辑下，德国人的"镇馆之宝"升级成了"世界奇观"，还附带着德国人那股子独特的韧劲儿和狂热的文物保护欲。佩加蒙博物馆也因此获得了更多的关注，年游客量达到了 100 多万人次，绝大部分人都是慕"宙斯大祭坛"之名而来①。

2. 堪称奇观的不仅是文物本身，更是德国人最严谨的诠释精神

德国人做事，总是带着一股子"精工范儿"：树立奇观这件事，对于别人来说大多是噱头文章，而对于德国人，则是一首送给考古学家和科技工作者的赞美诗。他们总会比大众认为的满分再极致一点：如果说宙斯大祭坛还只是碎片的拼装，显得有些意犹未尽，那么伊什塔尔门绝对能够证明，德国人的工匠精神是深入骨髓的。

---

① 本部分数据来源于维基百科词条：Museum Island，Pergamon Altar，佩加蒙博物馆．

▲ 佩加蒙博物馆宙斯大祭坛（图片来源：全景网）

柏林博物馆岛的伊什塔尔门被称作"只有德国人才能造就的奇观"。古巴比伦王朝建造伊什塔尔门是在 2 600 年以前，也就是中国的春秋战国时期，秦始皇建长城距离此刻尚有 400 年之遥。因此，挖掘出来的伊什塔尔门琉璃砖片本身就具有极高的文物价值，已经算得上"镇馆之宝"了。

然而德国人不这么认为。他们觉得对着几块碎片臆想出来的历史是不严谨的。于是他们做了一个决定——在仔细分析了琉璃砖片的成分后，将数百枚国宝级的城门碎片放入特制的窑中烘烤，使之与新砖相结合，进而完整复原了整座城门！这样的胆量简直是疯狂，这样的技术又着实令人叹为观止。

此外，复原伊什塔尔门是没有蓝图的。古巴比伦的建筑花纹是一种不断重复几何图形的繁复装饰，想要分析出规划图然后将千百个残片准确还原，是需要精准的分析和不厌其烦的尝试的。可这些，却刚好符合德国人的胃口。环球旅行家孟波曾形象地打了一个比方：如果将修复伊什塔尔门的难度系数定义为五颗星，那么，将南京明城墙的城砖一块块挖出来并拼接成原来的模样至多是两颗星的难度[1]。

---

[1]《柏林博物馆岛：一个博物天团的诞生》，http://www.sohu.com/a/152163739_395940.

▲ 伊什塔尔门重新烧制的琉璃砖片 （图片来源：全景网）

3. 考据是每个博物馆通向"世界奇观"之路的起点

柏林博物馆岛的"诠释学"不仅是他们对待展品的逻辑，更是一种每个博物馆都必须具备的基本素质。级别越高的博物馆，越应该做到更严谨的诠释，这代表着一个民族对于历史的态度。

历史上由于缺乏考据而"误伤"国宝的事情多有发生。即使向来严谨的大英博物馆，也不例外。因为不熟悉中国画的保存方式，大英博物馆误将《女史箴图》按照日本画的保存方式装裱于木板上，并切割成了三段。这使得《女史箴图》被大英博物馆封藏了多年，直到一个中国的修画师出手，才用来自中国的材料将之修复，《女史箴图》也得以重见天日。早在20世纪70年代，故宫在重新揭裱《清明上河图》时，也发生过误删"尖嘴立牛"的事情，让本身保护文物的事情变成了毁坏文物，得不偿失。

柏林博物馆岛将全部的心思都花在了历史、考据和藏品上。所以，比起卢浮宫、大英博物馆和大都会博物馆，柏林博物馆岛更像一个忠诚于历史的工匠，而不是贩卖历史的商家。

三、体系化的力量——柏林博物馆岛的"升维诠释"

柏林博物馆岛上的五座博物馆，并不是德国人单纯地追求馆藏数量多或地域覆盖度广而拼凑的。德国人追求的是一种从文物到文明的"升维诠释"。他们不仅对于文物是严谨的，对于与历史相关的一切都是诚恳的，更希望能够与一个时代进行无死角的全息对话。

1．内容无死角：每座博物馆各具特色，但拥有统一聚焦的主题

柏林博物馆岛虽然有五座博物馆，但即使是拥有"世界奇观"的帕加蒙博物馆，也没有遮挡住其他博物馆的风采。岛上所有的博物馆是相得益彰的。这样的成就要感谢柏林博物馆岛的拥有者——普鲁士文化遗产基金会。他们为整座柏林博物馆岛设计了整体的定位，并重新合理地分配了每座博物馆的藏品。

柏林博物馆岛的计划最初是由腓特烈大帝和其子孙构想的，要建造一座"艺术与科学的圣殿"。其目的是让军团建国的普鲁士能够与欧洲其他大国一样，具有文化底蕴，成为真正的文明国家。因此，当初的柏林博物馆岛对于藏品是来者不拒的，从而使得柏林博物馆岛的藏品越来越多，也越来越杂乱。后来，普鲁士文化遗产基金会干脆让柏林博物馆岛聚焦于古典文明的展示，将不属于这个范畴的藏品移至柏林其他的博物馆。这样的决定也使得柏林博物馆岛最终成为全球古典文明的圣殿。

柏林博物馆岛内的分工也是非常明确的，五座博物馆各司其职：柏林旧博物馆负责展示古罗马和古希腊；柏林新博物馆负责展示古埃及，著名的菲奈尔提蒂半身像就藏于此；佩加蒙博物馆负责展示小亚细亚、中东及伊斯兰艺术；博德博物馆主要负责展出古货币文化和拜占庭文化；旧国家画廊则负责大部分19世纪欧洲的雕塑和绘画作品[1]。这样的分类有两个好处：第一，为博物馆岛构建完整的古典文明体系，提升整体权威性，抢占文化话语权；第二，让每座个体博物馆中的精华更加突出，更易于被游客目的性的游览和感知。这种能发

---

[1] 博物馆岛官网：http://www.museumsinsel-berlin.de/gebaeude/neues-museum/.

挥集群效应的分工模式，也正是都市文博区特有的魅力所在。

当然，分工明确不意味着平均用力。国宝依然要配得上国宝的待遇。网络上大火的综艺《国家宝藏》之所以令无数观众大呼过瘾，除艺术化的呈现方式外，每一期的舞台就只为一件国宝而准备，能够让观众在一期的节目中将注意力聚焦在一件国宝身上，从而获得对历史更强的感知。

作为一个历史悠久、文明从未中断过的古国，中国的大博物馆从来不担心"镇馆之宝"的问题，反而经常是有着"国宝太多，舍弃哪个都可惜"的幸福烦恼。因此要格外注意对于馆藏文物的合理分配，这样既能让博物馆整体显得更加体系化，又能够让局部的国宝亮点愈加突出，更容易获得游客的关注。

2．空间无死角：柏林博物馆岛积极融入城市公共空间，不做"精神孤岛"

在成为"世界奇观"的同时，柏林博物馆岛也同样致力于"走下神坛"——融入现代城市！让更多的现代人，以更容易的方式认知古代文明。

柏林博物馆岛身处岛屿，更容易变成一个"精神孤岛"和"文化地标"。因此，在确定整个柏林博物馆岛修复方案的时候，特别注重与周边城市区域在空间上的融合性。这其中有两个重要的举措：

第一，开放岛上全部公共空间，并打造一条"考古长廊"。考古长廊是连接柏林博物馆岛上除旧美术馆外的所有建筑物的地下通道，内部会摆放一些文物和展品。这是一段开放的空间，将柏林博物馆岛上除室内空间外的所有空间（包括各大博物馆的庭院）形成了有效串联。这就使得即便是闭馆时间，这里也是具有浓厚历史文化氛围的城市公共空间。市民可以随意在此聚集，从而让博物馆岛不再高冷，彻底纳入城市公共空间体系。

第二，新建第六座博物馆，并把它作为柏林博物馆岛的总入口和游客中心。柏林博物馆岛上的五座博物馆都是同一时期的老建筑，这样的构成虽然让整体的空间调性和谐。但随着时间的推移，整个区域的历史感越来越重，无疑最终会变成城市中的"古董"，与周边城区的距离感越来越大。而新加入的詹姆斯·西蒙美术馆虽然维持古典的建筑设计理念，却是崭新的建筑。德国人认为，这样的方式能够让柏林博物馆岛保持生命力，是新时代与历史直接对话的产物。

▲ 施工中的詹姆斯·西蒙美术馆 （图片来源：全景网）

同时，大胆植入新功能，让第六座博物馆承担游客中心的角色也是重要的创新举措。在当下，博物馆需要的不是在故纸堆里孤芳自赏，而是充分拥抱现代社会，成为大众文化旅游的一部分。因此，新博物馆作为游客中心出现，可以看作柏林博物馆岛以一种更轻松的姿态诠释着正在发生的历史。

3．时间无死角：注重精神延续，让博物馆的新建筑不出戏、不抢戏

对于博物馆而言，在博物馆外，时间是正常流逝的；而在博物馆内，时间是不断积累的。

博物馆的藏品会越来越多，而现有藏品随着时间的推移，价值也会越来越高。当其收藏在某一个时间达到饱和，或者由于外力遭到破坏时，改建或扩建就势在必行。尤其是像故宫博物院、陕西博物馆这些重量级的博物馆，本身就是大都市的文化精神地标。如何处理新、旧博物馆的关系，如何处理新博物馆与新藏品的关系，将是博物馆体系化诠释中的又一个难题。

对于博物馆而言，理应是"内容带动形式"的。博物馆的建筑设计既

不能出戏，更不应该过分抢戏，而是要让游客把更多的精力关注在博物馆的馆藏上。因此，博物馆的建筑设计需要把握好尺度——这是比"树立奇观"更难的事情。但似乎越难的事情德国人做起来越如鱼得水，柏林博物馆岛在处理博物馆建筑方面堪称教科书的级别，尤其是柏林新博物馆的修复工作。

在柏林博物馆岛的五座博物馆中，柏林新博物馆是被炸毁最严重的一个，几乎成了一片废墟。英国建筑师大卫·奇普菲尔德（David Chipperfield）通过12年的努力，成功修复了柏林新博物馆，并荣获2011年的密斯·凡·德·罗奖。而这一切的荣誉，都来自他提出的"延续但不模仿（New reflects the lost without imitating）"的理念[1]。

奇普菲尔德认为，保证新建筑与现有结构的连续性是整个修复工作的最大命题，而与其完整照搬原来的建筑设计，不如在保留原有框架的前提下，采用与原来不一样的材料进行填充，从而在延续历史结构的同时，反映代表现代建筑的不同状态。因此，他在修复博物馆部分结构时使用了砖和混凝土，但同时也尽可能地使用那些当年被炸碎的残料，包括一些石柱断料和仿古埃及彩绘天花板，甚至有些地方还保留了完整的战争痕迹。这样的理念使得翻修后的柏林新博物馆完美实现了历史与现代的对话。

4. 情感无死角：以大国心态进行诠释，追求世界观下的共情表达

越高级别的博物馆，越应该承担一个城市乃至国家文化话语权的职责。

自说自话是博物馆很容易产生的一个问题，尤其是中国的博物馆：我们的文明太过于源远流长，使得我们有一种"自家东西还看不过来，哪有工夫看别人"的惯性思维，即便是"一带一路"这样的主题，在展示鎏金兽首玛瑙杯等物件的时候，我们也只会下意识地认为那是我们的，而忽略这件文物究竟来自哪里、当时的历史背景如何。中国的博物馆之所以在世界上的认可度低，在很大程度上也是因为缺少一种"观世界"的姿态。

在这方面，德国人又超出了我们的想象。他们认为只有标牌的解释是不够

---

[1] 柏林新博物馆，https://www.archdaily.cn/cn/757826/bo-lin-xin-bo-wu-guan-david-chipperfield-architects-in-collaboration-with-julian-harrap.

的；如果能让当地的人来讲述当地的历史，能将家国情怀代入进去，才能传递出更真实的历史感。于是他们和一个叫作 Multaka 的组织合作了一个项目，该项目的目标是将来自叙利亚和伊拉克的难民培养成为博物馆讲解员。这个项目产生了三个直接的影响：[①]

第一，当大量的阿拉伯人参观反映他们曾经辉煌的近东艺术展或伊斯兰艺术展的时候，这些导游可以通过母语向他们精准地传递这段历史，从而让这些文明被它的后人准确地感知，让阿拉伯人与自己的历史文明更好地对话，产生共情。

第二，这个项目允许叙利亚人将自己的历史写进博物馆的档案，这样的结果一方面增强了博物馆对于近东文明的收藏，能更加准确地诠释近东历史；另一方面也有助于保护叙利亚、伊拉克等地区的文化历史免受战争的波及。

第三，这个项目直接展现了德国人的"观世界"的大国胸怀。柏林博物馆岛以德国、叙利亚、伊拉克的文化历史联系为主线题材，举办了多种会议和活动，从而在无形中使得柏林博物馆岛具备了全球视野。

试想一下，如果一个吉尔吉斯斯坦的游客，在参观陕西历史博物馆的时候，能够被一个同样来自吉尔吉斯斯坦的导游以母语服务，一起聊着李白，欣赏着当年来自他们那个国度的文物，那对于这个游客的震撼将是无与伦比的。

伟大的历史学家克罗齐说，一切真历史都是当代史。

朱光潜先生在《克罗齐的历史学》中，对这句话做了精彩的解读："没有一个过去史真正是历史，如果它不引起现实的思索，打动现实的兴趣，和现实的心灵生活打成一片。过去史在我的现时思想活动中才能复苏，才获得它的历史性。所以一切历史都必是现时史……着重历史的现时性，其实就是着重历史与生活的连贯。"

博物馆的"诠释学"，就是想方设法让更多的现代人，准确理解当年发

---

① Multaka 官网：https://multaka.de/en/startsite-en/.

生的历史。每一座博物馆都应该首先做到准确表达和易于感知，先成为一个能够精确反映历史的个体，再根据自身资源条件进行定向升级或全面升维。作为集历史性和商业性于一身的博物馆，在商业性越来越被重视的时代背景下，历史性不但不应该被忘记，还应该被同等程度地重视。回到开篇提及的都市文博区，也只有将博物馆的诠释做到了淋漓尽致，才有可能塑造出优秀的博物馆个体，也才有资本谈及都市文博区的打造。

▲ 古今交融的维也纳街景(图片来源:全景网)

"美人不老"的传奇——维也纳博物馆区

文 | 刘潇畅

如果将一个城市比作一位名人，我们可以将优雅的匈牙利首都布达佩斯比作浪漫主义音乐家李斯特（Franz Liszt），将神秘的捷克首都布拉格比作著名小说家卡夫卡（Franz Kafka），**那么能够代表奥地利首都维也纳的，唯有那位绝世美人——茜茜公主**（伊丽莎白·亚美莉·欧根妮 Elisabeth Amalie Eugenie）。茜茜公主作为奥地利帝国皇帝弗兰茨·约瑟夫一世的妻子，正式的称呼应该是"伊丽莎白皇后"，也被世人称为"世界上最美丽的皇后"。但是倾倒于她的美貌的民众们（包括深受电影《茜茜公主》影响的中国观众），更愿意称呼这位美人为"茜茜公主"，她凭借美貌和魅力征服了整个欧洲。

维也纳之美也如茜茜公主，不仅是美，而且是美得惊艳！

一、天生丽质难自弃，维也纳美得"惊世骇俗"

就像茜茜公主一样，维也纳有着"多瑙河的女神"的美称，从公元前 500 年建市起就一直美到现在[①]。这座城市拥有众多世界级的美丽称号——以历史悠久而获誉"文化之都"、因拥有众多重量级音乐家而获得"音乐之都"的盛誉，以精妙绝伦、风格各异的建筑而赢得"建筑之都"的美称，以精妙绝伦的装饰而被称为"装饰之都"等[②]。

维也纳之美体现在艺术、音乐、建筑……各个领域，可以说是一位十足的气质美人，并且美得"惊世骇俗"。

1. 维也纳艺术之美

艺术是维也纳最宝贵的财产，其中以维也纳艺术史博物馆（Kunsthistorisches Museum Wien）最为知名。这座"世界第四大艺术博物馆"收藏了大量的皇室艺术珍品，展现着文艺复兴和巴洛克艺术的全貌，被附名于世界上最杰出的博

---

① 维基百科 - 维也纳词条，最后修订于 2022 年 3 月 8 日．
② 维基百科 - 维也纳词条，最后修订于 2022 年 3 月 8 日．

物馆之一①。

2. 维也纳音乐之美

从中世纪开始,维也纳便是欧洲的音乐中心之一,留下了许多乐圣的足迹。维也纳拥有约 120 家歌剧院,其中维也纳国家歌剧院(Staatsoper)每季演出超过 300 场,平均上座率可达 99% 以上②,在她的舞台上演出的是世界一流的歌剧和芭蕾舞,因此,国家歌剧院也成为这座城市至高无上的荣耀。

3. 维也纳建筑之美

维也纳的建筑体现了不同价值观的持续交汇和融合,并散发着浓浓的艺术气息。哲学家、设计师、雕塑家及视觉艺术家得以大展身手,将其艺术理念融入周边的巴洛克时期、罗马式、古典主义、新艺术运动及维也纳现代艺术的建筑环境中,在这个 2001 年被联合国教科文组织列为世界遗产的著名历史区域,塑造出独特的城市风貌③。

只是美貌并算不上传奇。正如《随园诗话》中的诗句"自古美人如名将,不许人间见白头",就算当年美得惊世骇俗,红颜易老也是常事,只有能抗拒岁月的"风刀霜剑严相逼"的美人才算传奇④。茜茜公主如此——她到 50 多岁的时候依然保持着如少女般的容颜与身材⑤,令万众倾倒;维也纳也是如此——维也纳作为神圣罗马帝国和奥匈帝国的核心都市,一美就美了 1 800 多年⑥。经历过两次世界大战,却依然保存得如此完好和美丽,不得不说是个奇迹。

纵观世界众多城市的文博区,"美"与"老"往往是对立的。虽然许多美人也曾经像维也纳一样美过,拥有辉煌的历史文化,但是一旦背负上历史的重担,就会变得沉重、衰老、没有活力。反之,如果过于在意"年轻美貌",又会失于它富有内涵的历史之美。而唯有维也纳能够一美到底,永不迟暮。维也

---

① 维基百科 - 艺术史博物馆词条,最后修订于 2020 年 9 月 17 日.
② WienTourismus 官网:《维也纳旅游战略规划 2020》,http://www.tourismusstrategie2020.wien.info/downloads/WT-Tourismusstrategie-2020.pdf.
③ 维基百科 - 维也纳词条,最后修订于 2022 年 3 月 8 日.
④ [清] 袁枚. 随园诗话 [M]. 雷芳,注译. 北京:崇文书局,2017.
⑤ 腾讯网:《女神茜茜公主年轻时有多美? 看完这组罕见的老照片,便能知晓》,https://xw.qq.com/cmsid/20201113A0ETS700,2020 年 11 月 13 日.
⑥ 维基百科 - 维也纳词条,最后修订于 2022 年 3 月 8 日.

纳做到了"美"与"老"的兼收并蓄、相得益彰，这其中"美人不老"的秘方最值得中国很多历史名城的文博区学习。那么，一座如美人的文化古城，以及其中如美人动人容颜的文博区，应该如何像茜茜公主一样，成为"美人不老"的传奇？本文将为你一一揭秘。

秘诀一：从城市层面，要如维也纳一样"莫失莫忘 与时俱进"保持年轻态。

天底下所有美人最怕的，不仅仅是容颜老去，还有被遗忘。就算再美，只要没有人追捧，也终将落寞。美人如此，那些文化名城也是如此。再璀璨的文化，一旦落寞，无人问津，很快就会显得老态龙钟更得不到呵护了。所以要想美人不老，就不能让人遗忘自己——保持年轻态，一直活跃在人们心中。为此，那些文化名城不妨学习维也纳，如何与时俱进保持青春，引得万众对她"莫失莫忘"。

1. 怒刷存在感，让"活的"文化 IP 不断出现在人们的视野中

凭借深厚的历史文化底蕴、辈出的文化名人等得天独厚的条件，**维也纳打造了"新年音乐会""维也纳爱乐乐团""维也纳童声合唱团"等一系列具有世界影响力的"活的"文化 IP**。这些文化 IP 具有强大的国际影响力，维也纳新年音乐会每年通过 60 多家电视台和 100 多家广播电台的现场直播传遍世界各地 70 多个国家，听众达五千万人[①]。而被视为奥地利国宝的"维也纳爱乐乐团"和"维也纳童声合唱团"足迹遍及世界各地，传播奥地利的音乐文化，是名副其实的音乐使者。

除此之外，维也纳十分重视通过组织大型文化活动促进旅游，文化部门与旅游部门密切合作，不断开发文化旅游新产品，向国外大力推介文化旅游项目。近几年，维也纳每年为旅游确定一个文化主题，如艺术节、传统文化和建筑艺术，吸引了大批游客。**通过这些"活的"文化 IP，维也纳不断出现在国际舞台上，进一步巩固了音乐之都、艺术之都的文化形象。**

2. 主动拥抱青春，保持开放包容、不断创新的年轻心态

维也纳十分重视文化创新，对一些新兴的艺术形式秉持开放包容的态度。 其文化政策明确指出，社会需要文化人士的智慧和创造力，国家有义务赞助各种艺术流派，在赞助中特别要重视艺术的多样化，奉行"以古典传统为基础，

---

① WienTourismus 官网：《维也纳旅游战略规划 2020》，http://www.tourismusstrategie2020.wien.info/downloads/WT-Tourismusstrategie-2020.pdf.

▲ 举办新年音乐会的维也纳金色大厅（图片来源：全景网）

以当代文化为重点"的原则①。相关数据显示，**维也纳目前有十多万人受雇于创意产业，占维也纳市实际就业人口的 14% 左右**②。并且，依托维也纳创意产业的蓬勃发展，该产业的增长态势已迅速扩展至全国。目前，文化创意产业在奥地利经济中已占有重要地位，奥地利 1/10 的企业是文化创意企业，总产值为 6 900 万欧元③。

3．拥有一颗童心，将艺术教育作为文化事业发展的重中之重

维也纳政府采取了许多措施，鼓励学校与艺术机构开展合作，培养学生的文化素质，开发其艺术潜质。从 2010 年开始，19 岁以下青少年可以免费进入

---

① WienTourismus 官网：《维也纳旅游战略规划 2020》，http://www.tourismusstrategie2020.wien.info/downloads/WT-Tourismusstrategie-2020.pdf.
② 中国社会科学文化研究中心：《维也纳创意产业潜力的经济分析》，https://max.book118.com/html/2017/1006/136247898.shtm.
③ 中国社会科学文化研究中心：《维也纳创意产业潜力的经济分析》，https://max.book118.com/html/2017/1006/136247898.shtm.

十几家国家级博物馆和国家图书馆，各博物馆也把青少年艺术教育作为一项重要工作加以推动①。维也纳音乐和表演艺术大学拥有 24 个学院、104 个专业，是世界上规模最大的音乐大学之一②，高水平的高等艺术教育为维也纳赢得了很好的国际声誉。

秘诀二：从文博区层面，要像维也纳一般"新旧融合 芳龄永继"。

如果说整个文化城市通过各种文化活动与政策，让城市始终处于人们的文化焦点中，那么对于作为美人容颜的都市文博区，就是如何保持"冻龄"，让人们永远记住城市文化的"盛世美颜"。可以说，维也纳博物馆的冻龄配方——新旧融合，很值得那些希望追求"芳龄永继"的文化名城一试。

在维也纳文化之都的再塑造过程中，最具有代表性的是维也纳博物馆区（Museums Quartier，MQ）。维也纳博物馆区曾经是奥匈帝国的皇家马厩，当今是中欧最大的文艺社区。 远在 1713 年，奥地利皇帝查理六世命令著名建筑大师菲舍尔·冯·埃尔拉赫（Johann Bernhard Fischer von Erlach）在如今的维也纳旧城区城墙附近建造一座皇家马厩③。在 2001 年，也就是开工三个世纪后，这座皇家马厩摇身一变，成为一个全新的文化中心——维也纳博物馆区④。

维也纳博物馆区占地 9 万平方米，是世界十大文化聚集地之一，它给维也纳艺术殿堂加入了一些现代的元素，**包括了博物馆、展览馆、表演区域、创意工作室、研究室等文化机构，每年吸引近四百万游客**⑤。维也纳博物馆区不仅是许多博物馆的聚集地，更是维也纳最繁华的地区，熙熙攘攘的景象昼夜不息。

新事物与旧传统天衣无缝的融合，使维也纳博物馆区的艺术和购物场所呈现出 21 世纪新鲜而激动人心的面貌，但同时丝毫没有迷失它本身有着辉煌历史

---

① Stadt Wien 官网数据：https://www.wien.gv.at/kultur-freizeit/gratis-museum.html.
② 新浪网：《奥地利努力打造文化创意产业群》，http://finance.sina.com.cn/roll/20111122/074510857760.shtml，2011 年 11 月 22 日.
③ 孙德龙. 维也纳博物馆区再生项目历程回顾与分析 (1990—2002)——城市遗产、城市复兴、文化产业策略的平衡 [J]. 建筑学报，2015（1）.
④ 孙德龙. 维也纳博物馆区再生项目历程回顾与分析 (1990—2002)——城市遗产、城市复兴、文化产业策略的平衡 [J]. 建筑学报，2015（1）.
⑤ WienTourismus 官网：《维也纳旅游战略规划 2020》，http://www.tourismusstrategie2020.wien.info/downloads/WT-Tourismusstrategie-2020.pdf.

传统的意义与价值。那么，维也纳博物馆区新旧融合的保鲜秘方是什么？

1. 浓妆淡抹总相宜——新旧融合的建筑设计使美人"容颜不老"

历史文化区是城市文脉的发源地和承载区，具有深厚的历史人文底蕴。但是随着城市不断发展，许多历史文化区不再符合当代需求，进而面临着扩建、搬迁的结局。然而，这是唯一的解决方案吗？历史文化区是否可以在保留历史建筑风貌的同时，通过巧妙地植入新的建筑形态，从而焕发出新的生机与活力？维也纳博物馆区给了我们答案——

与欧洲其他城市类似，维也纳城市中心的历史建筑保护为新开发留出了极少的余地，但这些历史建筑又很难满足新时代下的消费需求，到20世纪90年代矛盾变得更加突出[①]。为破解这一矛盾，博物馆区首先请来了遗产保护方面的专家曼弗雷德·韦道恩（Manfred Wedhorn），韦道恩不主张对巴洛克遗产原封不动地保护，而是**希望通过新的文化用途体现老建筑的当代价值，将博物馆功能和既存历史建筑融合，减少新建建筑体量**[②]。遵循韦道恩的遗产保护理念，这座雄伟华丽的巴洛克建筑最终在享誉全球的奥地利公司奥特纳（Ortner & Ortner）（中文为自译）改造下，重新焕发出属于现代的生机[③]。设计团队努力确保过往和当下的联系，让艺术和创意在同一个空间相遇、共生。他们**巧妙地将历史建筑和新建结构融为一体，缔造出全球十大文化建筑群之一**。

在预算紧张的情况下，维也纳博物馆区最终采用了极少干预的方式进行修复和改造。除原冬季骑士厅被改造成为维也纳艺术馆（Kunsthalle Wien）和舞蹈剧场（Hall E&G）外，在它的两侧还新建了博物馆区内最大的两个私人艺术博物馆：列奥波多博物馆（Leopold Museum）和MUMOK现代艺术博物馆（Museum Moderner Kunst Stiftung Ludwig Wien）[④]。**这两大现代主义风格**

---

① 孙德龙.维也纳博物馆区再生项目历程回顾与分析(1990—2002)——城市遗产、城市复兴、文化产业策略的平衡 [J].建筑学报，2015（1）.
② 维基建筑数据百科：https://es.wikiarquitectura.com/edificio/gasometer/.
③ 孙德龙.维也纳博物馆区再生项目历程回顾与分析(1990—2002)——城市遗产、城市复兴、文化产业策略的平衡 [J].建筑学报，2015（1）.
④ 孙德龙.维也纳博物馆区再生项目历程回顾与分析(1990—2002)——城市遗产、城市复兴、文化产业策略的平衡 [J].建筑学报，2015（1）.

的新建筑犹如两个立方体被插入古老的建筑群中，并一黑一白地对称坐落在偌大的庭院两侧。

简单的造型和色彩为夜晚形象魅力的塑造提供了纯天然的画板，在维也纳博物馆区的夜色打造计划中，将两大现代主义风格建筑作为主背景，开展了一系列美轮美奂的灯光设计。

但是改造依然遇到了问题，因遗产保护法规要求对新旧建筑严格区分，所以导致了相互之间的隔离和闭塞。新建筑被周围一圈围墙封闭在里面，从外面几乎看不见，只留很小的入口进入。设计师试图寻求解决方案，希望能够利用不断变化的娱乐事件吸引参观者。在2002年，设计师约瑟夫·塔特纳（Josef Trattner）在公共庭院内设计了**可自由组合的临时构筑——硬塑海绵沙发（Hartschaum-Sofa）**[①]，在保证不破坏现有遗产氛围的前提下，让广场变成了统一多变且能容纳各种活动的活力公共空间。最终，通过多变的公共庭院空间设计，为封闭的围墙内空间增添了活力，吸引了众多游客的到访。

2. 腹有诗书气自华——年轻时尚的世界级展品使美人"气质不老"

国家博物馆肩负着国家的责任与使命，承载着历史文化之重，难免会显得"死气沉沉"。而要打破这种沉重枷锁，就必须赋予藏品、展览新鲜血液，让他们鲜活起来。试想，如果在北京的国家博物馆旁边，兴起了一片新的文化区，如798一样年轻、时尚，你是否非常有兴趣去一探这两种既截然不同、又相处融洽的文化？维也纳博物馆区就是维也纳的798，通过与临近的两座国家级博物馆融合发展，成功纳入维也纳必游景点榜单。同时通过自身打造现代时尚的新型博物馆，与老城区古典建筑形成视觉冲突，并在馆藏上偏向于更加受年轻人喜爱的近现代名家作品，成功形成对游客的差异化吸引力。

（1）**国字号博物馆坐镇——吸引游客"到此一游"**。维也纳博物馆区一街之隔的对面伫立着两栋维也纳最重要的国字号博物馆——维也纳自然史博物馆（Naturhistorisches Museum）、维也纳艺术史博物馆（Kunsthistorisches

---

[①] KunstHalle Krems 官网数据：https://www.kunsthalle.at/de/ausstellungen/13-josef-trattner-donau-sofa-projekt.

Museum）。自然史博物馆收藏了全世界最大的人类头盖骨、100千克重的黄玉原石、年代久远的巴西鸟标本等令人啧啧称奇的自然宝藏[①]。艺术历史博物馆则收藏了哈布斯堡王朝（House of Habsburg）的宝藏，包括米开朗琪罗（Michelangelo Buonarroti）和提香（Titian）等老一辈艺术大师的杰作[②]。**维也纳博物馆区通过借势两大国立博物馆的巨大人流量，成功成为维也纳的必游打卡点。**

（2）新锐博物馆博眼球——新潮文化艺术让你来了一次还想再来一次。

在博物馆区众多机构中，**列奥波多博物馆和MUMOK现代艺术博物馆两大博物馆以私人藏品为主，在展品内容、展览形式方面最为年轻时尚**。列奥波多博物馆主要展示了鲁道夫·列奥波多博士（Dr. Rudolf Leopold）私人收藏的5 000多件维也纳分离派、现代主义和表现主义的作品，特别是拥有世界上最多的埃贡·席勒（Egon Schiele）作品的收藏[③]。而MUMOK现代艺术博物馆则展示了路德维希夫妇（Peter Ludwig，Irena Ludwig）私人收藏的7 000件现代及当代艺术品，其中包括毕加索（Pablo Picasso）、博伊于斯（Joseph Beuys）、沃霍尔（Andy Warhol）等人的作品，以及维也纳行为主义的作品和文献[④]。

此外，维也纳博物馆区还专为儿童群体打造了极具吸引力的变焦儿童博物馆（ZOOM Kindermuseum），其中包括了ZOOM展、ZOOM工作室、ZOOM动画电影制片厂和ZOOM海洋四个不同的儿童活动区域。作为奥地利最为领先的儿童博物馆，为8个月至14岁的儿童提供全年展览、研讨会、多媒体实验室及全面的科学教育计划[⑤]。在儿童博物馆，孩子们用他们所有的感官探索世界。随着情绪的发生，他们可以提问、触摸、调查、感知和玩耍。**通过这些儿童的带动，博物馆区吸引了一大批年轻家庭客群的到访，成功塑造了青春活力的文化氛围。**

---

① 维也纳自然史博物馆官网数据：https://www.nhm-wien.ac.at/.
② 维也纳艺术史博物馆官网数据：https://www.khm.at.
③ 维基百科数据：https://en.wikipedia.org/wiki/Leopold_Museum.
④ Mumok官网数据：https://www.mumok.at.
⑤ 变焦儿童博物馆官网数据：https://www.kindermuseum.at.

▲ 风格前卫的MUMOK现代艺术博物馆（图片来源：全景网）

3. 琴棋书画诗酒茶——延展文化产业链使美人"才情不老"

如今，许多博物馆已经纷纷开始通过打造"网红文创产品"来吸引观众眼球。无论是故宫博物院开发的"朕亦甚想你"折扇，还是台北故宫博物院的"朕知道了"胶带，都成功地带动了博物馆的客流和经济。但是，延展文化产业链只是卖文创产品就可以了吗？

维也纳博物馆区在延展文化产业链上同样做出了表率，依托众多博物馆及艺术产品的知名度，进一步扩大文化产业影响力，**通过发展专项化的产业（如文创产业、会议会展产业、婚庆产业等），增加了文化产业的消费深度，给予了文化创意产业自主发展的无限可能。**

（1）打造文化产业聚集区。21区（Quatier 21，Q21）是维也纳博物馆区的文化产业聚集区，占地超过7 000平方米，为大约50个（建筑、绘画、音乐、舞蹈、戏剧、文学、时尚、新媒体等门类）文化部门的组织、机构和编辑部提

▲ 创意十足的维也纳艺术史博物馆餐厅（图片来源：华高莱斯拍摄）

供的工作空间，Q21 成功地将"创意产业"带入了世界上最大的艺术和文化综合体之一[①]。

Q21 不仅为文化创意工作室提供工作空间，同时，也有"艺术家驻场计划"——为国际艺术家提供在 Q21 居住和工作的机会。维也纳博物馆区的建筑顶层作为公寓使用，可供工作人员办公和居住。国外艺术家获得在 Q21 中任一文化机构的推荐，并通过申请后，每月可获得 1 050 欧元的资助[②]。

另外，Q21 也为游客开放。在沿主立面的建筑首层打造了连续的开放性展厅，用以展示各工作室自己的作品或举办临时主题展，内容涵盖了当代绘画、新媒体艺术、时装等。其中还包含了"后台游"，即参观者可能有幸在客座艺术家的工作室门后一睹艺术家的创作过程。同时，Q21 还针对两类特定人群提

---

① Q21 官网数据：https://www.mqw.at/en/institutions/q21/.
② Q21 官网数据：https://www.mqw.at/en/institutions/q21/.

供了导游服务，一类是针对学校团体的导游，承担起为年轻人"普及当代艺术和文化"这一项特殊责任；另一类则是针对策展人的导游，通过 Q21 的展览之旅，希望能使国际策展人深入了解他们所进行的项目，进而达成合作目的。

（2）发展会议会展产业。博物馆区的众多博物馆及工作室除具有日常的展览功能外，大多配备多功能展厅，可以用作临时展览、报告、学术交流和表演，为博物馆淡季带来了新的创收途径。

（3）发展婚庆产业。利用博物馆区历史建筑的厚重外观以及整个博物馆区轻松愉悦的环境氛围，博物馆区为年轻新人们提供了婚纱拍摄、婚礼举办、纪念日庆典等相关婚恋服务。利用博物馆区多功能厅、婚礼策划设计工作室、西餐厅、摄影摄像工作室等众多文化机构资源，为新人提供一站式婚礼服务，成为维也纳充满浪漫氛围的婚礼目的地。

4．云想衣裳花想容——艺术化生活氛围使美人"品位不老"

文化区不应只是城市中的一个孤岛，而要与周围的生活发生互动和碰撞，将文化真正融入人们的生活中。在维也纳博物馆区，生活也被感染了浓浓的艺术气息，在这里，无论是餐厅、甜品店、咖啡厅，还是纪念品商店都被赋予了"文化"的印记：在餐厅内部装饰上，聘请艺术家进行绘画创作，塑造别样的异域风情；在餐品、饮品的外观上也进行了艺术化包装，在这里，不是艺术品都不好意思端上来。

二、中国作为文化大国，历史古都文化建设都应做到"美人不老"

我国拥有众多如维也纳一般历史文化底蕴深厚的城市，如北京、西安、南京、洛阳……在这些文化名城的文化区建设中，却普遍存在着空间上、内容上都亟待更新的严重问题。这些历史文化名城距离建设一个"世界级文化聚集区"，甚至将整个城市打造成为"世界文化之都"的目标还有很长的路要走。

中国不缺美人，却需要为美人提供不老的"秘方"。这些历史文化名城如果想要做到"美人不老"，就不能故步自封地等待衰老。只有系统地学习维也纳的保鲜秘方，通过持续不断地更新来展现出一个美人的青春美貌，才能真正做到"美人不老"。

▲ 伦敦南肯辛顿文化区（图片来源：华高莱斯拍摄）

照耀众生的盛世荣光——伦敦南肯辛顿文化区

文｜金美灵　高级项目经理

一、知识与教育，盛世国家的"荣耀与守护"

什么是盛世？

对外国际地位高，贸易繁荣，军事强大；对内经济繁荣，科技发达，思维活跃，文化昌盛。盛世，是一个国家或一个文明的高光时刻。对于国人而言，就是念念不忘，心向往之的汉唐盛世。而对英国人来说，就莫过于汉诺威王朝！维多利亚时期盛极一时的大英帝国——这个比英国本土大 130 多倍，领土遍及五大洲四大洋，被称为"日不落帝国"的全球帝国。

如果说伦敦有一个文化区，展现了大英帝国的盛世辉煌，你会想到哪里呢？

很多人都会想到大英博物馆——这个世界四大博物馆之一的伟大博物馆，集合了全球人类文化历史的精华，彰显了日不落帝国盛极一时的全球统治地位。然而事实上，大英博物馆与其说是展出了盛世留存的宝藏，更像是对其全球性掠夺战利品的一种罪恶的炫耀。

想到盛世，人们往往会陷入误区，认为就是像大英博物馆一样，花大钱建大馆；再用大量珍宝装饰门面，呈现出盛世国家殷实的家底，用实力让世人叹服一句"厉害了，我的大英帝国"。可透过这样的文化区，人们只能看到盛世之果，却找不到盛世之道——一个能让国家繁盛延续的答案。

所以，答案是什么，又要去哪找呢？

与剑桥、牛津比肩，同为 G5 超级精英大学的帝国理工大学，其校徽上镌刻着这样一条拉丁文的校训——Scientia imperii decus et tutamen，即"科学知识，是帝国的荣耀与守护"[①]。而如果将这句话延展为"知识的普及与教育，是盛世的荣耀与守护"，就能够最为精准地给出盛世之道——越是繁荣，越要用知识的普及为国家提供长久的发展动力。同样，一个盛世国家的文化区最大

[①] 帝国理工学院官方网站：https://www.imperial.ac.uk/.

的价值，不在于孔雀开屏式的大国炫耀，而在于充分将盛世的文明之光普照，将照亮前路的火把传递到所有公民手里。

帝国理工大学坐落之处——伦敦南肯辛顿文化区，也恰巧正是这个答案的承载地。相信通过本文的介绍，大家都能透过这个对于许多国人来说有些陌生的文化区，窥探到大英帝国绵延百年的秘密，体会到盛世国家的精神内涵。

二、灿烂的遗产，惠及全民的"阿尔伯特城"

1851年，万国工业博览会（The Great Exhibition）在英国伦敦海德公园南召开，这昭示日不落帝国鼎盛辉煌的第一次世界博览会，是维多利亚时期的重要里程碑。博览会由当政的维多利亚女王的丈夫阿尔伯特亲王及英国近代设计教育的拓荒者亨利·科尔共同筹办。以庆祝现代工业发展的新兴潮流为目的，展出了第一次工业革命以来全球的最新工业科技与设计成果。博览会召开五个月，其间展出了来自全球25个国家、15个殖民地的文化、科技精品，吸引了来自全世界600多万名的参观者参观[①]。

这次博览会在让英国赢得了极高的国际声望的同时，也让英国皇室获得了极大的商业层面的成功——展会净收入达到18.6万英镑。而这一收入后来又成为南肯辛顿文化区建设的启动资金，被阿尔伯特亲王用来投资搭建了南肯辛顿文化区的雏形——一片海德公园南约86英亩的土地和一个拥有数万件珍贵展品的国家博物馆[②]。

经过百余年的发展，这个原本是伦敦大郊区的世博会旧址，逐步发展成为伦敦城市中心的文教科技核心区。时至今日，这片宏伟壮观的建筑群里聚集了英国国立维多利亚和阿尔伯特博物馆（以下简称V&A博物馆）、国立自然历史博物馆、伦敦科学博物馆三大欧洲顶级博物馆，帝国理工学院、皇家艺术学院、皇家音乐学院三大世界级精英高等院校，以及阿尔伯特音乐厅及国家艺术

---

① 邢鹏飞.浅论V&A博物馆与水晶宫博览会的渊源问题[J].创意与设计，2010（4）.
② 文博圈__new: 芦玉铭, 世界上最重要的艺术设计博物馆, https://www.sohu.com/a/114906791_488370, 2016-09-23.

图书馆等英国顶尖文化机构[①]。可以说，该文化区是维多利亚盛世为后世留下最为宝贵的历史遗产之一。

然而最为珍贵的，并不是聚集的国家级文教机构，也不是成群恢宏大气的皇家古建筑，更不是博物馆展陈的精美展品，而是创始人阿尔伯特亲王对文化区发展的创想理念——通过文化区推动全民艺术与科技知识的普及与教育。1851年，万国博览会在向世界炫耀英国强大的科技力量的同时，也让英国看到了后起之秀的美国更为先进的制造技术与更为人性化的工业设计。针对博览会中暴露出的国家发展隐患，阿尔伯特亲王并未选择忽视或回避，以积极的态度将当时掌握在少数精英手中的科技与艺术知识进行全民普及，通过提升民众艺术及科技素养，进一步捍卫大英帝国的领先地位。这便是这位梦想家为艺术区找到的最高价值，南肯辛顿文化区真正的盛世宝藏。

虽然阿尔伯特亲王在1861年过世，但南肯辛顿文化区一直延续了其绘制的蓝图与愿景，逐步建成为一个科技与艺术共享普及，具有前瞻性的知识型文化区。在南肯辛顿文化区内，许多文化机构以阿尔伯特命名——维多利亚与阿尔伯特博物馆、皇家阿尔伯特音乐厅、阿尔伯特纪念碑，而文化区本身也被后世称为"阿尔伯特城（Albertopolis）"，以纪念阿尔伯特亲王的卓越贡献。阿尔伯特亲王，这个日不落帝国权力顶峰的女人挚爱了一生的男人，虽然手中并无实权来直接掌控国家发展命运，却凭借自己的远见卓识，科学及艺术上的超高审美，对公众教育普及的热情与公民意识，推动了全民素质提升，间接守护了大英帝国的百年昌盛。

三、精英知识的平民化普及——"零门槛"的文化殿堂

前任馆长马克·琼斯（Mark Jones）曾称V&A博物馆是"人民的皇宫（A People's Palace）"[②]，这用来形容整个南肯辛顿文化区再贴切不过。如果说大英博物馆是于高处敞开怀抱，不主动不拒绝，静候好学之人攀登的高峰，那么南

[①] 发现南肯辛顿官方网站：https://www.discoversouthken.com.
[②] 文博圈__new：芦玉铭，世界上最重要的艺术设计博物馆，https://www.sohu.com/a/114906791_488370, 2016-09-23.

▲ 坐落于伦敦肯辛顿公园的阿尔伯特纪念亭（图片来源：华高莱斯拍摄）

肯辛顿则是走向群众，热情地去除障碍，建好阶梯，带领大众一步步前进的知识殿堂。阿尔伯特亲王认为"比获得黄金更重要的是获得知识"（"Better it is to Get Wisdom than Gold"）[1]，要想国家繁荣，民族兴旺，不仅要让人民实现经济上的富裕，更要实现精神上的富足。因此，破除壁垒，打造一个"零门槛"的知识殿堂，让平民可以轻松自由地登堂入室，获取知识，才是盛世文化区的首要任务。

下面，让我们来看看南肯辛顿文化区是如何实现精英知识的平民化普及，打造"零门槛"文化殿堂的！

1. 无价格门槛

首先要让人"付得起"，实现价格亲民。既能确保不同阶层公民都能以最

---

[1] 国立维多利亚和阿尔伯特博物馆（V&A 博物馆）官方网站：https://www.vam.ac.uk.

低的成本，体验最前沿的科技技术，感受最高级的艺术，也为文化区的未来培育更多拥有付费能力及付费意愿的知识消费者。

"随性主观"的博物馆"入场价"。今天，越来越多的博物馆、文化区开始调低门票价格，可无论定价多低，还是会将一部分人拒之门外。这些人不是真穷得付不起，就是有钱但不想付，没有形成为知识付费的意识。早在文化区建设初期的19世纪50年代，南肯辛顿博物馆就十分超前地开设了免费开放日，确保所有阶层的人都能够有机会参观博物馆。时至今日，南肯辛顿博物馆更是彻底免费开放，只增加了一个向博物馆捐款的选择。通过这种主观且弹性的"入场价"，博物馆的入场成本变成了一个永远不会高于所有人主观接受度的价格。这类似于"打赏"的机制，在确保所有人都参观得起的同时，也给有支付能力及意愿的人一个按主观价值判断为博物馆掏"入场价"的机会，还鼓励人们形成知识付费的习惯，一箭三雕。

"象征性"的高档艺术"尝鲜价"。古典音乐演出，最低只要5英镑，这两元店一般的定价策略，估计谁也不会想到竟会出自国家级音乐厅吧？皇家阿尔伯特音乐厅每年都会举办世界上历史最悠久的艺术节——"逍遥音乐节"。作为一个致力于吸引音乐入门爱好者的盛会，其最大特色莫过于极低的入场门槛。人们只要以5英镑这样仅仅象征性的票价，就能在国家最高艺术展演殿堂欣赏最一流的音乐表演[1]。这对于音乐爱好者来说，无疑是性价比超高的年度狂欢，但更重要的是，对于那些仅仅有些好奇，徘徊在门口的"门外汉"而言，超低的票价无疑给了他们一个"买不了吃亏，买不了上当"的尝试机会，实现高端音乐的低门槛"入门尝鲜"。

2．无时空门槛

降低门槛，实现大众知识普及的第二步，就是要让人们"到得了"，主动靠近大众，让抵达文化区的时间、空间接口更加便捷友好。

更加便捷的空间入口。国内很多城市的文化区，文化体验只在进门以后。门口车水马龙的主干道被游客行人干扰堵塞。在入口处，常常出现的景象——

---

[1] 卫报：《5英镑舞会的初学者指南》，特里斯坦·雅各布·霍夫.

人们或是顶着太阳或是迎着风雪，排着长长的队伍。路口堵，入口堵，心口也堵得一塌糊涂。要提升文化区的文化体验，就要打造更加友好的空间入口，让所有人都能够便捷抵达，自在享受。

20世纪90年代，南肯辛顿文化区沿博览会路两侧已聚集了今天能看到的几大文化机构，每年吸引1 100万余游客到访，但因交通环境混乱，博物馆之间连通性差而被人们所诟病。2012年伦敦奥运会前，在时任自治市副区长、现任伦敦交通局副主席Moylan的组织下，博览会路完成了一次非常成功的共享街道改造①。

▲ 改造后的博览会路（图片来源：华高莱斯拍摄）

经过改造，博览会路通过统一的地面铺装，复古的路灯、街道家具等，营造了统一且和谐的文化氛围；同时，通过限速与人车合流，打造人车和谐同行的交

---

① 卫报：《伦敦展览路–评论》(*Exhibition Road, London–Review*)，罗恩·摩尔.

通氛围；还通过设立许多盲文标牌、有声红绿灯等设施，确保各类残障人士能够无障碍通行，与普通人一同了解文化区历史文脉与获取知识。而后，V&A 博物馆更开展了入口改造。V&A 博物馆不惜拆掉部分文化历史建筑，将原本面向博览会路的侧墙改造为正门，主动改换方向作为人流主方向。经过一系列的改造，人们文化体验的整体感与便捷性获得了极大加强。更加人性化的空间接口为文化区吸引了更多的访客，如今已达到 2 000 万人次 / 年[1]。

在信息化的当今时代，除物理空间外，更要考虑虚拟空间接入口的便捷度。紧跟时代步伐，南肯辛顿文化区内的博物馆都纷纷推出了各自的移动端软件。人们可以通过移动端软件更好地了解博物馆的历史文脉、馆藏珍品、展览活动等，实现虚拟空间的自由接入。博物馆还与谷歌地图合作，打造虚拟博物馆，让全世界的游客得以通过谷歌街景参观博物馆内部，实现博物馆虚拟空间的塑造与开放。自然历史博物馆更是开放数据，合作推出"树叶快照英国版（Leafsnap UK）"[2]"化石探险家（Fossil Explorer）"[3]"深海身份（Deep Sea ID）"[4]等应用程序，将博物馆的生物历史资源打造为人们物理空间探索时的虚拟博物信息库，鼓励人们随时随地进行各类植物、动物乃至远古生物知识的探索与学习[5]。通过虚拟空间的便捷入口打造，文化区进一步拉近了博物馆与大众的距离。

更加友好的开放时间。博物馆这类公共文化服务机构，开放时间多数与普通民众的工作时间重叠，我国也不例外。从国内最为知名的博物馆来讲，故宫博物院开放时间为 8：30—17：00，国家博物馆开放时间为 9：00—17：00，

---

[1] 发现南肯辛顿官方网站：https://www.discoversouthken.com.

[2] 树叶快照 Leafsnap：项目由哥伦比亚大学、马里兰大学和史密森博物院联合发起。Leafsnap 作为一个识别树木的电子图鉴，可以通过分辨树叶照片的视觉识别软件来鉴别树木的种类。

[3] 化石探险家 Fossil Explorer：英国常见化石的野外指南，可帮助用户根据发现化石的位置来识别化石。该应用程序使用地质图绘制，显示用户选择的位置上存在的岩石，并提供已知在相同年龄的岩石中发生的化石的列表。

[4] 深海身份 Deep Sea ID：世界深海物种注册（WoRDSS）的现场指南界面，提供离线访问超过 25 000 种深海物种的生物分类信息，580 多幅高分辨率的深海照片海标本以及在线分类工具，资源和重要参考文献的链接，该软件是专为科学界设计的，同时还提供了对深海生物多样性的直观浏览，这对于教育工作者和公众而言也非常有趣且易于使用。

[5] 国立自然历史博物馆官方网站：https://www.nhm.ac.uk/.

陕西历史博物馆开放时间为8：30—18：00，四川博物馆开放时间为9：30—17：00，上海博物馆开放时间为9：00—17：00……这些开放时间与普通大众的工作时间相一致。文化区平日冷清，一到周末和假期便人满为患，博物馆疲于应付，观众则体验极差——挤了一身汗，只看了无数人头和背影之后就回家了。

而南肯辛顿博物馆却主动迎合大众的闲暇时间，开创了向大众开放夜间参观的先河。早在南肯辛顿博物馆开馆之初，便为方便工人阶层下班后前来参观，开放每周3天延长至晚22：00，成为世界上第一家为夜间开放而提供煤气照明的博物馆[1]。直到现在，南肯辛顿博物馆还延续了这一传统，更是各自发展出特色夜间开放活动。

国立自然历史博物馆引入电影IP打造"博物馆奇妙夜"，不仅开放夜间的参观时间，更可与恐龙化石同眠，观看怪兽类电影，打造令影迷与自然科学爱好者狂热的博物馆夜宿体验，更推出"犯罪现场直播（Crime Scene Live）"：以博物馆为背景夜间探案，让人们通过各类生物检测手段逐步揭开谜团，破解迷案，在探秘游戏的过程中体验生物科技的魅力[2]。V&A博物馆的"周五博物馆之夜（Friday Late）"，则通过开放夜间博物馆，为各式各样艺术活动提供活动场所，让博物馆成为周五晚上时尚艺术休闲的好去处[3]。伦敦科学博物馆则推出了"宇宙之夜（Astronights）"，每个月最后一周周五的夜晚，亲子家庭或科技爱好者可以通过参与活动，在博物馆体验化学、物理、航天等方面的尖端技术设备与实验，由博物馆工作人员及科学家带领下感受科技魅力[4]。南肯辛顿文化区通过主动迎合大众闲暇时间开放参观，吸引更多人进行更加深入的文化体验。

3. 无时代门槛

降低门槛最难的，莫过于知识传递过程中降低时代门槛，让民众"看得明

---

[1] 文博圈__new：芦玉铭，世界上最重要的艺术设计博物馆，https://www.sohu.com/a/114906791_488370，2016-09-23.
[2] 国立自然历史博物馆官方网站：https://www.nhm.ac.uk/.
[3] 国立维多利亚和阿尔伯特博物馆（V&A博物馆）官方网站：https://www.vam.ac.uk.
[4] 伦敦科学博物馆官方网站：https://www.sciencemuseum.org.uk.

白"。多数博物馆展出都是历史文物,其珍贵的价值只能代表过去,却不一定能引领现在乃至未来。而要向民众普及知识,博物馆就应当用现代的语言来讲历史的故事,反映时代精神与当代美学,从而让博物馆起到历史守护者与文化的引领者的双重作用。这当中最具代表性的莫过于 V&A 博物馆。这座拥有 160 余年悠久历史的博物馆,并没有被皇室与历史束缚,时时保持着敏锐的时代嗅觉,引领着英国今日的时尚与设计。

那它又是如何做到无时代门槛,引领当代精神的呢？

讲历史,展陈主题"蹭热点"。 V&A 博物馆最擅长的,可能就是"蹭热点"了,完全看不到皇家博物馆的矜持守旧。讲历史没人爱听？那就"蹭他人热点讲我的故事"。在 V&A 博物馆中,除丰富的固定藏品外,常会举办不同主题的专题展览,这些主题展跨越了创意产业的各个领域,又与时代话题紧紧相扣。2014 年,当贝克汉姆推出个人时装系列,被提及身着裙装的"时尚黑历史"时,他坚持为男性裙装正名发声,一时间成为街头巷尾的热门话题。在人们纷纷讨论着裙装是不是破坏男性阳刚之气的女性专属时尚元素时,V&A 博物馆推出了"男人与裙摆（Men in Skirts）"的特展,带领大众走进男性裙装的时尚历史,以及在其启发下发展出来的近现代时装设计[①]。这一特展获得了极大成功,不仅改变了人们对男性裙装的认知,更是成就了男性裙装元素的流行。在特展之后,近几年的各大时装周中,男性裙装设计显著增多,而媒体对此类设计的评价也从"娘里娘气"等负面消极转向更加正面积极。

说今天,时代展品"接地气"。 讲述时代精神,展出当代设计,也是 V&A 博物馆的看家本领。曾经的 V&A 博物馆一度陷入复制古董、遵循守旧的怪圈中。但是,1978 年时任馆长塞西尔·史密斯（Cecil Smith）组建了一个流通部（Circulation Department）,专门负责收藏、研究、展示当代艺术设计作品,从而根本改变了 V&A 博物馆重历史轻当代、重材料技术轻时代风格的状况[②]。博物馆发现并购入大量深受大众欢迎的现当代艺术作品。例如,2015

---

① 国立维多利亚和阿尔伯特博物馆（V&A 博物馆）官方网站：https://www.vam.ac.uk.
② 文博圈__new：芦玉铭,世界上最重要的艺术设计博物馆,https://www.sohu.com/a/114906791_488370,2016-09-23.

年,为了纪念10年前去世的英国本土天才设计师亚历山大·曼昆(Alexander McQueen),举办了盛况空前的"亚历山大·曼昆(Alexander McQueen)野性之美"回顾展,并在展后将大量展品收入馆藏之中。这一活动吸引更多亚历山大·曼昆的时尚粉丝来博物馆参观。不仅如此,V&A博物馆的藏品还十分"接地气",展出最能反映当代人生活与时代精神的展品,如微信,作为中国的即时通信软件,便被纳入博物馆藏品之中。在大众流行中解构、发现设计之美,用大众关心的素材更好展示、普及设计之美[①]。

4. 无心理门槛

仅仅是看懂了还是远远不够,还要解除心理门槛,让人自在地逛出乐趣。对于普通食客而言,身着全套正装面对全套餐桌礼仪这一过程带来的压抑感,完全可以磨灭掉一顿珍馐美味带来的幸福感。同样,让人们身着正装品鉴高雅艺术,透过展品和说明标签看懂科学原理,这类体验本身就是一个"劝退"的过程。仅仅是确保自己得体就已经筋疲力尽了,哪还有精力去学习感受呢?

那么,让我们看看南肯辛顿文化区是如何在保持精英血统的同时,降低心理门槛,让大众都能自在轻松地逛出乐趣的吧!

不设规矩,轻松自在的氛围。在国家大剧院肆意叫好,在故宫博物院蹦迪,这也许是我们想都不敢想的事情。然而在南肯辛顿博物馆,这样的事情时刻都在发生。

在厚重华丽的皇家历史建筑群中,想要让人放轻松,就要主动撒去规矩,营造自在的氛围。在皇家阿尔伯特音乐厅举办的"逍遥音乐节",不仅有最亲民的门票价,更有高雅音乐最舒适的体验"姿势"。音乐节为吸引更多民众欣赏古典乐,设立之初的规矩就是没有规矩,人们只需要纯粹地欣赏音乐,不必身着华服,不必正襟危坐,可以坐着、站着甚至躺着听,听到兴奋更可以大声叫好。这看似无序、无规矩的音乐节,在去掉繁文缛节的同时,强化了人们对艺术的欣赏与尊重。

在文化区中,人们也能体验到在最庄严典雅的博物馆中恣意玩耍的乐

---

① 国立维多利亚和阿尔伯特博物馆(V&A博物馆)官方网站: https://www.vam.ac.uk.

▲ 英国伦敦皇家阿尔伯特音乐厅（图片来源：华高莱斯拍摄）

趣。如自然历史博物馆辛慈大厅（Hintze Hall）里举办的无声迪斯科（Silent Disco），让人们可以在罗马教堂式大厅里，在标志性的鲸鱼骨骼标本下，在炫目的灯光中，戴上耳机随着唱片播放师的演奏尽情舞动，享受一把在皇家知识殿堂里自由撒欢的乐趣[①]。设立重重规矩仅容许高素质"精英"靠近，却拒普通民众于千里之外，并不一定是保护展品与文物的最佳方式。敞开怀抱欢迎大众，让普通民众更好地理解展品的价值，产生主人翁意识并主动维护传播，也许才是更高级的文物保护之道。南肯辛顿博物馆是人民的皇宫，人们既然是主人，自然有权力去尽情享受，也会以主人的意识去爱护其中的每个文物。

不讲排场，开放亲和的展陈。国人逛博物馆，常常就是挤过厚厚的人群，

---

① 国立自然历史博物馆官方网站：http://www.nhm.ac.uk.

快速瞄一眼玻璃罩子里的文物，找自己听说过的宝贝拍几张照片秀在朋友圈，增长了见闻却没能获得见识。但南肯辛顿博物馆却不然。去过 V&A 博物馆雕塑庭院（Cast Court）的人，都会被眼前的场景震撼——世界级的艺术珍品仿佛不要钱似的，密集、不设防地摆放在一起，像是个开放的大花园。人们可以像欣赏花朵一样，近距离细细观赏"图拉真纪功柱"、大卫像等世界文化珍品。其实展出的并非真品，而是高品质的仿制品。然而这些比真品更加经得起时间考验，且艺术价值不打折扣的仿制品，却真正将展品最重要的艺术传播欣赏作用体现得淋漓尽致。如果将博物馆比作书，那么南肯辛顿博物馆就是一本欢迎人们随意翻阅、细细品鉴的好书。这本书也许只是复制品，但对于大众而言，其增长见识、传播知识的价值远比被供奉起来，只能拍张照片纪念的原版高得多。不是吗？

不搞学究，讲知识前先体验。博物馆要传递最为精准正确的知识，这是毋庸置疑的。但只是确保传递知识正确远远不够，还需要让人产生兴趣去了解这些知识。在南肯辛顿的伦敦科学博物馆里，人们也可以看到各种划时代的科学装置器械，被当作装饰，被改造为体验设备。技术的演化发展不仅是写在展品边上的文字，更是可以触摸、可以体验的过程。在南肯辛顿博物馆，人们可以通过亲自体验欧洲航天局首次探索水星的太空船"贝皮可伦坡号（BepiColombo）"的热结构模型，进而了解在宇宙探索过程中航天器所面临的各种极端气候挑战；也可以通过躺在抗生素药片构成的浴缸里直观感受治疗疾病所需药物剂量，甚至看真人演绎的抗菌故事，进而直观地了解人们对抗细菌，利用细菌的生物技术发展历程；还可以自行拓印一份版刻艺术，体验手工设计的乐趣[①]。南肯辛顿博物馆最注重知识的实践与体验，让并不一定耐得住性子去钻研学习的普罗大众，通过体验激发好奇，带着好奇去学习知识，给正确的知识培养出积极的接受者。

V&A 博物馆曾在调查全英博物馆教育现状后发布名为《公共财富：博物馆在经济时代》的报告，其中强调："博物馆不但是终身教育的理想机构，而且

---

① 伦敦科学博物馆官方网站：https://www.sciencemuseum.org.uk/.

有利于提高社会的创造意识。博物馆必将超越保管和展示文物的职能，视公众教育为其首要使命[①]。"南肯辛顿文化区通过"无价格门槛，无时空门槛，无时代门槛，无心理门槛"的方式，让文化区变成所有人都"付得起，到得了，看得明白，逛得有趣"的公众教育殿堂，实现了从皇室精英向普罗大众的知识传递。

▲ 伦敦维多利亚和阿尔伯特（V&A）博物馆（图片来源：华高莱斯拍摄）

四、普罗大众的精英化升级——"全周期"的人才孵化

南肯辛顿文化区不仅有国家级博物馆和音乐厅，更有三所享誉国际的精英高校——"G5超级精英大学"之一，世界顶尖的理工科研究型大学帝国理工；"夸夸雷利·西蒙兹QS"世界大学排名"艺术与设计类"蝉联世界第一的皇家艺术学院；"美国新闻与世界报道USnews"世界音乐学院排名第八，英国最高音乐教育学府皇家音乐学院。如果用心做个对比，就会发现三大精英学院所专精的理工科、音乐、艺术设计，与同一文化区内的博物馆、音乐厅展出方向出奇地一致。再进一步追根溯源，就会发现这些精英院校出身竟源自博物馆——皇

---

① 邢鹏飞.浅论V&A博物馆与水晶宫博览会的渊源问题[J].创意与设计，2010（4）.

家艺术学院的前身，是隶属于当时 V&A 博物馆的一所南肯辛顿设计学校[①]。而皇家音乐学院的前身，也是为皇家阿尔伯特音乐厅培育年轻乐师的附属教育机构[②]。

别人都是在大学里创建博物馆，而这里却是在博物馆里孕育精英大学，南肯辛顿文化区不仅做到了知识由精英到大众的传播与普及，更实现了从普罗大众的精英化升级，这到底是怎么实现的呢？

1. 让文化区成为未来精英的"领路人"

文化区通过"零门槛"的知识普及，已经带领大众迈入了科学、艺术的大门。南肯辛顿文化区则进一步在确保"师傅领进门"的同时，还能进一步做到"修行有门路"，让人们在入门后能够找到针对不同阶段的进阶学习课程。如自然历史博物馆，除亲子的自然体验课程外，还有与学校合作，针对不同年龄段的在校生开设的自然科学探索课程，让未来精英能够在博物馆的帮助下更加深入学习，培育爱好。再如 V&A 博物馆，除适用于艺术学习者初级的手作体验课外，还有针对初高中艺术爱好者的职业发展规划。文化区成为大众从爱好培养、素质提升，到爱好培育，职业发展多方辅助的未来精英"领路人"。

2. 让文化区成为精英学子的"展示场"

高规格的国家级文化机构，同样为文化区内精英院校的优秀学生提供了国家级的展示平台。皇家阿尔伯特音乐厅每年都会为皇家音乐学院的精英学生提供演出的机会；V&A 博物馆也会开放空间以展出甚至收录皇家艺术学院优秀学子的作品；帝国理工的毕业典礼每年都在阿尔伯特音乐厅举行，号称全英国最震撼的毕业典礼……南肯辛顿将最高的国家级舞台交给了优秀学子，鼓舞和激励了广大学生以国家级标准要求自身，也为真正的精英找到展现自我风采的舞台。

3. 让文化区成为年轻精英的"工作室"

南肯辛顿文化区不仅是大众学习的平民殿堂，还是精英们探索钻研的"工作室"。如 V&A 博物馆开设了博物馆居住计划，让年轻的艺术家能够将工作

---

① 英国皇家艺术学院官方网站：https://www.rca.ac.uk.
② 皇家音乐学院官方网站：https://www.rcm.ac.uk.

室搬进博物馆，在 V&A 博物馆丰富的馆藏与藏书中找寻艺术设计灵感并合作开发文创产品[①]，还与皇家艺术学院合作开办艺术设计史的硕士和博士课程，为欧美培养了大批的学者、批评家、艺术设计管理人才。伦敦科学博物馆更开设专业从事生命科学研究的研究生、博士生培育项目，并免费向学者开放德纳研究中心及图书馆，以丰富的馆藏与研究成果为其提供研究支撑。不仅如此，文化区更是培养出了大量出色的科技、艺术公民。科技公民能够更好地遵守实验原则，主动成为科学实验的志愿者，优秀的艺术公民拥有更强烈的艺术消费需求，成为艺术家作品的消费者。他们都成了年轻精英事业起步时优质的发展助力。

在社会阶层流动性越发固化的今天，都说"清华北大再无寒门子弟"，精英的家庭环境无疑是培育精英的最佳土壤。他们有着优秀父母的言传身教，能上院士授课的知名小学，读着双语教学同步欧美的 STEAM 课程，无疑将会发展为精英中的精英。然而盛世国家的发展需要的并不仅是一小撮精英，更是全民素质的精英化提升。南肯辛顿文化区不仅是精英知识走进平民的普及平台，更是平民走向精英化的前进阶梯，为国家源源不断地孵化着人才，长久地守护着国家的盛世荣耀。

后记

何为盛世？纵观历史，无论是万国来朝的汉唐盛世，还是大英帝国的日不落神话，乃至今日的全球霸主美国，只有人才的繁盛才能造就国家的兴旺。习近平总书记强调"科技创新、科学普及是实现创新发展的两翼，要把科学普及放在与科技创新同等重要的位置"。大国崛起之路上，国家的文化区应该主动承担大众教育传播的职责，努力推动全民共同向前迈步，为民众铺就精英化发展阶梯，为国家长期发展提供不竭的人才支持。只有将知识之光普照于国民，让大众手握真理之光，才能共同照亮盛世国家永续发展的道路！

---

① 国立维多利亚和阿尔伯特博物馆（V&A 博物馆）官方网站：https://www.vam.ac.uk.

▲ 华盛顿国家广场（图片来源：全景网）

不忘初心的国家宝藏——美国华盛顿国家广场

文｜徐 闻 高级项目经理

2017年年底由央视承制的文博探索节目《国家宝藏》横空出世，赢得了收视口碑双丰收。当年在腾讯视频上线5天播放量便突破3 000万，豆瓣评分高达9.3[①]，被誉为"是历史文化最正确的打开方式！"。节目将一件件展现民族记忆与灿烂文明的文物搬入荧屏，以最亲民与最打动人的方式向大众传递国家荣耀感与民族自豪感。

那么，褪去屏幕，走近现实。任何一个国家几乎都有这样一块集中记录民族历史与承载国家意志的"国家宝藏"，时刻提醒着自己的人民要牢记历史，不忘初心。对于像中国这样历史文化积淀十分深厚的国家而言，国家宝藏自然数不胜数，容易激发民众的自豪感；但是像美国这样无论从历史长度还是文化积淀都远不及我们的国度，又会如何定义自身历史的国家宝藏呢？他们又会如何通过国家宝藏来教育民众呢？

我们千万不要小觑美国在国家历史文化上的打造，无论是在具体的规划布局还是展陈设计上，美国的国家宝藏聚集区，都以非常巧妙的方式来激发大众的共情。抛开政治意识形态的不同，美国润物无声教育民众"如何不要忘记国家初心"的方式，非常值得现在的我们学习，尤其值得我们国家那些担负着国家主流历史教育的博物馆区学习。

美国国家宝藏的承载核心是华盛顿国家广场（The National Mall），位于华盛顿特区的心脏位置。东起国会大厦的台阶，西止林肯纪念堂，这里聚集着155处纪念性景观及74座博物馆[②]，仅周边的史密森博物馆群就每年接待游客3 000万人次[③]。这些纪念性景观和博物馆，内容上涵盖了美国历史上

---

① 雪球网：《全网刷屏，这是个什么"宝藏话题"？》，https://xueqiu.com/9079261861/165189049，2020-12-08.

② NCPC网站：《纪念馆和博物馆总体规划》（*Memorials and Museums Master Plan*），2002-12-10.

③ SHAREAMERICA网站：一位英国科学家给予美国的令人意想不到的馈赠，https://share.america.gov/zh-hans/british-scientists-unexpected-gift-america/，2017-08-14.

重要的发展阶段，对开展美国主流文化教育起到了重要的作用。如果将华盛顿国家广场周边的博物馆一一参观，就是花三天也逛不完。如今，这里是名副其实的国家大草坪，更是美国历史与精神的记录者与传播者。那么，华盛顿国家广场的内生动力究竟是什么，使其成为世界上最年轻的超级大国的精神地标？

一、空间上——不仅要聚集，更要可生长

美国华盛顿国家广场自 1791 年规划至今已悄然走过 200 余年[1]，已形成一定规模的博物馆群落，然而其从未停止前进的步伐。2016 年非裔美国人历史和文化国家博物馆正式开馆[2]；2018 年 BIG 公司完成对史密森学会博物馆的总体规划[3]。那么，我们不禁要问，在寸土寸金的国家心脏地带，华盛顿国家广场持续不断的建设，土地从何而来？是城市更新与旧城改造吗？

不是，这是历史的远见，是朗方[4]规划之初便设计的弹性可生长空间。

历史是前进的，而空间是有限的。因此，朗方在规划之初便预留了大片空间用于记载美国的过去与未来。他曾说："首都区的建设从一开始就必须想到要给子孙后代一个伟大的思想，这就是爱国主义的思想。"[5]他想象的首都将有许多名人的纪念堂和纪念碑，将有一条国家轴线串联起美国的历史记忆。因此，在华盛顿最初的设计版本中，便规划了一条四百英尺宽、一英里长东西向的林荫大道（也就是如今的华盛顿国家广场）。这里作为文化博物馆的预留发展空间，为未来改写美国历史进程的重大事件留下记录空间，更计划成为整个国家的纪念核心。多年来，朗方的方案得以坚持和贯彻。后续，美国国会又相

---

[1] 维基百科 - 国家广场词条，最后修订于 2022 年 1 月 27 日．

[2] ArchDaily官网：《Smithsonian 美国非裔美国人历史和文化国家博物馆 /Freelon Adjaye Bond》，https://www.archdaily.cn/cn/794400/smithsonianmei-guo-fei-yi-mei-guo-ren-li-shi-he-wen-hua-guo-jia-bo-wu-guan-adjaye-associates，2016-09-01．

[3] ArchDaily 网站：《BIG 为'世界最大博物馆机构'史密森尼学会重新规划园区》，作者为 Patrick Lynch，译者为宋慧中，https://www.archdaily.cn/cn/887446/bigwei-shi-jie-zui-da-bo-wu-guan-ji-gou-shi-mi-sen-ni-xue-hui-zhong-xin-gui-hua-yuan-qu，2018-01-22．

[4] 皮埃尔·朗方 (Pierre L'Enfant)：1754—1825，法国工程师，为美国首都华盛顿第一任规划师．

[5] 梁雪．华盛顿中心区的形成和发展 [J]．城市环境设计，2004（3）．

继通过了"纪念工程法案 1986"(Commemorative Works Act of 1986),用于进一步规范和管理该区域纪念性景观及建筑物的建设。

在朗方的规划指导下,华盛顿国家广场的博物馆群落不断发展壮大。 1871 年史密森学会的国家博物馆成立、1911 年国家自然历史博物馆成立、1923 年弗利尔画廊成立、1946 年国家航空博物馆成立、1964 年立国美国家博物馆成立、1967 年安那考斯蒂亚群落成立、1968 年美国国家艺术博物馆成立、1976 年国家航空航天博物馆成立、1978 年国家非洲艺术博物馆成立、1989 年国家美洲印第安人博物馆成立、1990 年国家邮政博物馆、阿瑟·M.赛克勒艺术馆、赫希恩博物馆和雕塑园、伦维克艺术馆与国家肖像美术馆等成立[①],以及 2016 年非裔美国人历史和文化国家博物馆相继建成[②]。200 余年里,华盛顿国家广场按着最初的规划,在持续不断地生长。

▲ 国家航空博物馆(图片来源:华高莱斯拍摄)

---

① 柳懿洋. 博物馆集群化运营模式研究——以史密森学会为例[D]. 北京:中央美术学院,2017.
② ArchDaily 官网: Smithsonian 美国非裔美国人历史和文化国家博物馆 / Freelon Adjaye Bond, https://www.archdaily.cn/cn/794400/smithsonianmei-guo-fei-yi-mei-guo-ren-li-shi-he-wen-hua-guo-jia-bo-wu-guan-adjaye-associates, 2016-09-01.

华高莱斯 书单（拟出版）

1. 《城市阅读之佛罗里达》
2. 《城市阅读之维也纳》
3. 《城市阅读之挪威》
4. 《城市阅读之金泽》
5. 《李忠城市演讲录》
6. 《李忠文旅演讲录》
7. 《李忠产业演讲录》
8. 《科技都市》
9. 《未来旅游新赛道》
10. 《儿童友好》
11. 《都市圈中的新城动力》
12. 《都市圈中的交通机遇》
13. 《产业新赛道之生产性服务业》
14. 《产业新赛道之生活性服务业》
15. 《产业新赛道之医疗大健康产业》
16. 《产业新赛道之现代农业》
17. 《产业新赛道之大数据产业》
18. 《产业新赛道之储能产业》
19. 《产业新赛道之静脉产业》
20. 《产业新赛道之海洋产业》
21. 《产业新赛道之新媒体》
22. 《产业新赛道之医疗器械》
23. 《产业新赛道之户外产业》
24. 《产业新赛道之智能制造》
25. 《产业新赛道之航空航天产业》
26. 《产业新赛道之检验检测与传感器》
27. 《产业新赛道之科学服务业与仪器仪表》
28. 《世界著名城市大公园》

华高莱斯 书单（已出版）

1. 《城市考察》
2. 《城市阅读（一）》
3. 《神奇方舟新西兰》
4. 《城市国际化》
5. 《夜经济》
6. 《中小城市的产业逆袭》
7. 《未来十年的旅游》
8. 《科学中心城市的崛起》
9. 《乡村振兴之全球样板》
10. 《小县城 · 大未来》
11. 《城市更新方法》
12. 《都市文博区》
13. 《世界著名"小"街》
14. 《世界著名城市科创区》
15. 《世界著名城市河岸》
16. 《世界著名文化线路》
17. 《世界著名城市更新》

如果您对上述华高莱斯出版图书感兴趣
可与我们联系
江女士：133-6698-8003（微信同号）
高女士：138-1156-5761（微信同号）

从中我们可以看出,针对凸显国家记忆的博物馆群落建设,要在规划之初便秉持"不忘初心",将对国家的崇敬感与对大众的教化渗透在空间规划中,并为未来留下合理的生长空间。

二、视角上——不要高高在上的"造神",而要走入尘间的亲民

作为国家宝藏,要肩负起不忘初心、教化大众的时代使命,所以更要以人民能理解与接受的视角来叙述历史。但是,现在我国很多博物馆在展陈过程中存在误区。博物馆的展陈思路中突出以英雄为主线,反而将民众作为背景一笔带过。将人民与荣誉进行切割,国家宝藏与人民宝藏进行隔离。这本质是一种"造神"的思路,与我们历史课本教诲的"人民的历史"相违背。

华盛顿国家广场的突出特点是展陈视角的变换,其展示的历史不是英雄的历史,而是人民的历史。在这里,历史不是被瞻仰和膜拜的,而是走下神坛并直指人心的。博物馆均围绕一个主题——体现国家精神展开,但展陈的角度平易近人,方式教化大众。具体而言,有以下四个方面。

1. 让最神圣近在咫尺

华盛顿国家广场里的博物馆并没有将一些所谓的镇馆之宝束之高阁,而是摆放在最显眼的地方供大众参观。例如,国家档案馆的一楼圆形大厅便摆放着1776年美国建国伊始起草的写在羊皮纸上的开国文件原稿——《独立宣言》《美国宪法》和《权利法案》。这是美国的三大立国基石,但用最简单的方式封存、最朴素的方式展示,每日供游客欣赏。

2. 让最平民走入殿堂

美国历史博物馆的宗旨是"收藏、保管和研究影响美国人民经历的物品"①。在这里,"锅碗瓢盆"这类的陈列品竟能与改变世界历史进程的"第一面美国星条旗"等展品摆放在一层。很难想象,这一间摆放着1812年第3次对英战争时使用的星条旗的屋子,隔壁就放着美国的国民食物麦当劳。这里传

---

① NATIONAL MUSEUM OF AMERICAN HISTORY 网站:https://americanhistory.si.edu/museum/mission-history.

递的是与一般历史博物馆按专题安排陈列品不同的理念，即"百姓无小事，历史无贵贱"。

3．让英雄走下神坛

华盛顿国家广场通过情境还原，将书本中的英雄人物活化起来。华盛顿特区每年都会举办两项重大活动：一是"不忘初心"，重温建国的三大历史文件；二是"不忘来路"，举行独立日游行。

每年的独立日游行都从美国国家档案馆开始。游行之前，都会举行一堂生动的历史教育课。课堂就在门前的台阶上，由扮演成华盛顿、亚当斯、富兰克林、杰弗逊等美国历代总统的演员，先后朗诵《独立宣言》《美国宪法》和《权利法案》，其间穿插一些情景剧和互动问答。同时安排以家庭为单位的活动，孩子们可以与扮演美国总统的演员面对面交流，聆听先人们的爱国故事等。

4．让文字激发共鸣

华盛顿国家广场注重雕琢一切可以激发大众共情的语言。例如，20世纪50年代朝鲜半岛战争，这算是中国和美国一段特定的有交集的历史。抛开政治立场，仅从文字的打动力上，美国华盛顿以一种更动人的方式记录了在此次战争中的付出。美国韩战纪念碑上记载着这样动人的文字——FREEDOM IS NOT FREE.OUR NATION HONORS HER SONS AND DAUGHTERS WHO ANSWERED THE CALL TO DEFEND A COUNTRY THEY NEVER KNEW AND A PEOPLE THEY NEVER MET. 1950 KOREA 1953。意思是："自由不是没有代价的。我们的国家以她的儿女为荣，他们响应召唤，去保卫一个他们从未见过的国家，去保卫他们素不相识的人民。"

同样，非裔美国人历史和文化国家博物馆的设计初衷便是让参观者与美国根深蒂固的黑人遗产产生共鸣。其博物馆长、历史学家朗尼·邦奇（Lonnie Bunch）在开馆仪式上面对媒体这样说道："从很多方面而言，非洲裔美国人的历史是实实在在的美国史。非洲裔美国人的经历端正了美国，这是美国必须实

▲ 美国韩战纪念碑记载的文字（图片来源：全景网）

践它所追求的理想①。"文字虽然简短，但直指人心，对博物馆的宣传作用不言而喻。

TEA 和 AECOM 发布的新报告《2017 年主题公园和博物馆指数》指出，该博物馆参观人数达到 240 万（2017 年全球访问量最高的博物馆卢浮宫接待游客 810 万名），对北美整体博物馆流量提升产生重大影响②。不仅如此，华盛顿国家广场的其他场馆，如越南战争阵亡将士纪念碑、阿灵顿国家公墓、大屠杀纪念馆及美洲印第安人博物馆等，均注重文字细节的打造，激发与大众的情感共鸣。

---

① SHAREAMERICA 网站：《非洲裔美国人历史博物馆令所有人受益》，https://share.america.gov/zh-hans/african-american-history-museum-holds-story-us/，2016-09-20.

② 搜狐网-199IT：《2017 年主题公园和博物馆指数》，https://www.sohu.com/a/243731791_263856.

在这里可以看出，无论从展品陈设、活动举办及文字宣传上，华盛顿国家广场始终围绕"以人民为主线"讲述历史。似乎每一位美国公民都能在华盛顿国家广场找到自己或家人的影子，让展现的历史与来到这里的每一位美国公民均产生情感联系。

三、机制上——不要因庞大而成为负担，而要市场化的可持续

当然，要想让国家宝藏彰显国家情怀，仅仅靠情怀是远远不够的。这样大规模体现国家意志的博物馆群落往往既是国家的荣耀又是国家的负担。维护这么庞大的博物馆体系，华盛顿国家广场每年的维护开支高达十二亿美元①。然而华盛顿国家广场自第一座博物馆出现至发展至今已有160余年的时间，并且长盛不衰。

所以要想让民众受到国家情怀的教育，华盛顿国家广场不仅展示手法值得借鉴，其内在的管理和运营机制更值得我们深入研究。

华盛顿国家广场的发展离不开史密森学会的背后运营。史密森学会是由英国科学家詹姆斯·史密森捐赠，美国政府建立的"用于增进和传播人类的知识"的一个文化综合体。自1846年成立至今，该机构已成为世界上最大的博物馆系统、教育和研究综合体，也是世界博物馆学的鼻祖。目前囊括19座博物馆、9座研究中心、美术馆和国家动物园，收藏了近1.55亿的艺术珍品和标本②。其源源生长动力可归纳为以下四个方面。

1. "民办官助"模式

面对这么一个庞大而复杂的博物馆体系，既要满足"不忘初心"宣传主题的一致性，又要不靠国家包办，这是美国华盛顿国家广场要解决的首要问题。

---

① 吴军：《第122封信｜华盛顿旅游指南和美图分享》，https://damogame.cn:15443/external_link/%E7%A1%85%E8%B0%B7%E6%9D%A5%E4%BF%A1_%E5%90%B4%E5%86%9B/data/%E7%AC%AC122%E5%B0%81%E4%BF%A1%E4%B8%A8%E5%8D%8E%E7%9B%9B%E9%A1%BF%E6%97%85%E6%B8%B8%E6%8C%87%E5%8D%97%E5%92%8C%E7%BE%8E%E5%9B%BE%E5%88%86%E4%BA%AB.html，2017-02-10.

② 柳懿洋.博物馆集群化运营模式研究——以史密森学会为例[D].北京：中央美术学院，2017.

▲ 华盛顿史密森学会（图片来源：全景网）

针对这一点，华盛顿借助史密森学会，采用"民办官助"的运作模式[①]。它是美国唯一一所由美国政府资助、半官方性质的第三部门博物馆机构。也就是说，它一方面由国会立法确立，每年向美国国会汇报工作，馆藏物品皆为国家所有；另一方面又拥有运作的独立权，政府无权干涉。例如，美国非洲裔历史文化国家博物馆由国会于2003年通过立法创立，但其隶属史密森学会，学会负责一切运营事宜和日常管理。**这种"民办官助"模式既保证了国家意志的贯彻，又保证了运营的独立性。**

2. 可生长的组织框架

华盛顿国家广场160余年里不断生长，这也要求其拥有与之相匹配的组织框架，来不断适应其新增的博物馆。针对这一问题，史密森协会实行垂直管理架构，在成立之初就计划构建一个包含多个博物馆和组织机构的博物馆集群框架。按照此框架，即使未来在发展过程中建立多个博物馆，也可以参照现有的

---

① 张笑莲. 史密森尼学会"民办官助"模式研究[D]. 北京：中央美术学院，2013.

运营模式进行快速复制，可以实现规模与品牌效应的最大化发展，最终形成一个持续生长的有机博物馆集群。在这种框架下，各分馆一方面服从彰显"不忘初心"的大基调；另一方面也制定彰显自身优势的特色方案，从而使各个场馆在统一的行政管理下健康发展。

3．扩大资金来源

为了减少对国家财政的过分依赖，史密森学会尽量拓宽资金来源渠道。目前，史密森学会的管理经费来源于美国政府拨款、其他捐助及自身商店和杂志销售盈利等。例如，1999年史密森学会专门成立史密森企业，负责整个学会的商业活动运作，涉及零售、媒体、产品开发、特许服务等商业内容，具体包括杂志集团（史密森杂志和航空航天杂志等）、27家纪念品商店、11家博物馆餐厅、3家巨幕影院、史密森图录、史密森旅程及两家网站[①]。还与其他机构合作，出版了史密森相关书籍，开发了高清电视频道等。目前，史密森学会的联邦政府拨款仅占总资金来源的61%[②]，实现了相对健康的资金生态。

4．专业人才保障

相比世界其他文博区，史密森学会拥有更为充足的专业人才保障。 大英博物馆拥有300名研究人员、法国自然博物馆拥有700名工作人员、大都会艺术博物馆拥有2 200名员工，根据学会向美国国会提供的2016年预算报告自述可知，史密森学会目前拥有6 400多名员工，其中包括屡获殊荣的科学家和学者、策展人、研究院、历史学家，以及从天体物理学到动物学各个领域的专家等[③]。同时，史密森学会还拥有6 300多名志愿者、788名奖学金获得者、1 311名实习生和980名研究助理[④]。如此浩大的人才体系，为整个华盛顿国家广场的发展保驾护航。

---

① 柳懿洋.博物馆集群化运营模式研究——以史密森学会为例[D].北京：中央美术学院，2017.
② 史密森学会官网：《史密森学会2013年报》，https://www.si.edu/Content/Pdf/About/2013-Smithsonian-Annual-Report.pdf.
③ 史密森学会官网：《史密森学会2013年报》，https://www.si.edu/Content/Pdf/About/2013-Smithsonian-Annual-Report.pdf.
④ 史密森学会官网：《史密森学会2013年报》，https://www.si.edu/Content/Pdf/About/2013-Smithsonian-Annual-Report.pdf.

四、小结

纵观华盛顿国家广场的发展历程，其发展始终围绕"牢记历史，不忘初心"的主题。不仅在文物展示上呼应主题，在打造手法及运作机制上更是一直秉持着一颗"不忘初心"的心，进行国家宝藏的设计和建设。总结来说，空间规划是我们可以模仿的"壳"，展陈视角是我们可以借鉴的"瓤"，而其内在的运作机制则是我们应该拿显微镜仔细观察的"营养通道"。

回到国内，我们中华人民共和国骨子里一直流淌着"人民的血液"，宣传和弘扬的也一直是以人民为核心的价值观。正如北京天安门广场正中央的人民英雄纪念碑上面镌刻着：

"三年以来，在人民解放战争和人民革命中牺牲的人民英雄们永垂不朽！

三十年以来，在人民解放战争和人民革命中牺牲的人民英雄们永垂不朽！

由此上溯到一千八百四十年，从那时起，为了反对内外敌人，争取民族独立和人民自由幸福，在历次斗争中牺牲的人民英雄们永垂不朽！"

未来，我们应进一步坚持"以人民为中心"的国家宝藏建设，应进一步成为国家宝藏的生动叙说者与合格管理者。此外，我们更有理由相信以"人民为中心"与更富有生命力的国家宝藏会越变越好！

▲ 东京上野公园博物馆群（图片来源：华高莱斯拍摄）

公园里"藏"着一群博物馆——东京上野恩赐公园（博物馆群）

文｜李 鸿 董事总监

一、上野之美，也在樱花之外

看完了前几篇文章，想必大家对于"首都文博区"已经构建起了一种大致认识——无论是德国柏林的博物馆岛、美国华盛顿的博物馆大道、英国伦敦的博物馆区，它们都具有极强的标识度和展示性，代表了这个国家的脸面，"高大上"是这些文博区给人的第一印象。

然而当我问你，日本东京的文博区在哪里？你脑海里估计得思索好一会儿，就连东京本地人也不一定能马上脱口而出这个问题的答案——上野恩赐公园。

之所以让人疑惑，是因为这个公园手握三张"人气王牌"，导致其知名度远远盖过了里面的博物馆群。

王牌之一，在于"名胜"。 上野恩赐公园位于东京市台东区，过去是德川幕府（也称江户幕府，1603—1868）的家庙和私邸，从那时算起已经有300多年的历史。到了1873年，上野恩赐公园被指定为日本皇室花园，1876年正式开园后便成为是日本的第一座公园，也是东京最大的公园，面积达53万平方米[1]。由于历史悠久，园内的许多建筑及景观在建园前就已存在多时，如由德川家光创建的宽永寺、供奉德川家康的东照宫、供奉千手观音菩萨的清水观音堂、明治维新的领导人西乡隆盛的青铜雕像等多处名胜古迹，因此，上野恩赐公园也有"史迹和文化财物的宝库"之称。

王牌之二，在于"樱花"。 樱花的加持，更是让上野恩赐公园坐稳了"人气之王"的宝座。上野恩赐公园是公认的东京最著名的赏樱圣地之一，如今公园里的樱花树已达1 200余棵[2]，"染井吉野"是最有代表性的樱花品种，其早在1624年宽永寺修建完备之时便得以移种，后来一经发掘便火遍全国。在日

---

[1] 维基百科 - 上野恩赐公园（Ueno Park）词条，最后编辑于2021年10月3日.
[2] 上野恩赐公园官网：https://www.kensetsu.metro.tokyo.lg.jp/jimusho/toubuk/ueno/ch2_index.html.

本,"去上野赏樱花"成为当地人的传统出游项目。而且赏樱的巨大吸引力绝不仅限于日本国内,且不说鲁迅先生笔下的"上野的樱花烂漫的时节,望去确也像绯红的轻云"给我国国人埋下了多少憧憬的情结,仅看每年 4 月上野恩赐公园举办的"樱花祭"庆典便可知:全世界的游客趋之若鹜,樱花树下,人山人海,场面甚为壮观。

王牌之三,在于"大熊猫"。上野恩赐公园里还有日本最古老、最有名的动物园——上野动物园。除各种珍禽异兽外,2 只由中国赠送给日本的大熊猫成了上野动物园的"金字招牌"。直到今日,上野动物园是东京乃至全日本人慕名前往的旅游胜地。

然而,上野之美,不仅在于风景之秀丽、名胜之厚重、樱花之烂漫、大熊猫之珍贵,而是在公园深处、树木之下,"藏"着一张更具文化感召力的王牌——**博物馆群**。公园内聚集了东京国立博物馆、国立科学博物馆、国立西洋美术馆、东京艺术大学美术馆、东京都美术馆、东京文化会馆、下町风俗资料馆、上野之森美术馆、日本艺术院等十多个大小不等、各具特色的博物馆。人们在这里能看到东方的、西方的、日本的、其他国家的、古代的、近现代的各个时期、各个地区、各种流派的文化艺术作品。上野恩赐公园也因为这些文化艺术场馆的存在,而享有"文化之森"①的美誉。

二、别看不起眼,个个都是流量王

"酒香也怕巷子深"!面对上野恩赐公园自带的"主角光环",如此不起眼的一群博物馆,是否人气寥寥、处境艰难呢?想必这是大家的第二个疑惑。

答案将再一次出乎你们的意料!因为无论是从影响力还是实打实的旅游数据来看,上野恩赐公园里的博物馆,个个都是流量之王,无论是人气还是财气,都赚得盆满钵满。

从影响力来看,他们都是重量级选手。作为日本的首都文博区,上野恩赐公园聚集了东京国立博物馆、国立西洋美术馆、国立科学博物馆、东京都美术

---

① 维基百科 - 上野恩赐公园(Ueno Park)词条,最后编辑于 2021 年 10 月 3 日.

▲ 上野恩赐公园博物馆群布局图（图片来源：华高莱斯拍摄）

馆等多个"国字号""省字号"的重量级文化场馆。如东京国立博物馆，是日本博物馆之首，该馆始建于1872年，是日本历史最长的博物馆，也是日本规模最大的博物馆之一。该馆藏品数量为12万件，其中国宝89件、重要文物648件[①]，无论是文物的品质或数目都在日本首屈一指。再如国立西洋美术馆，该馆始建于1959年，是日本唯一一家完全以西方美术为研究对象的国立艺术馆，馆内共收藏了6 000件西洋绘画、雕塑作品，包括许多家喻户晓的作品，如奥古斯特·罗丹的《思考者》《地狱之门》、莫奈的《睡莲》、雷诺阿的《阿尔及利亚风格的巴黎舞女》等，无论是作品的重要性还是数量，都属亚洲之冠[②]。

[①] 东京国立博物馆官网：https://www.tnm.jp/modules/r_free_page/index.php?id=162.
[②] 日本国立西洋美术馆官网：https://www.nmwa.go.jp/zh/collection/introduction.html.

公园里"藏"着一群博物馆——东京上野恩赐公园（博物馆群）

▲ 东京国立博物馆（图片来源：华高莱斯拍摄）

  同时，这些博物馆在建筑圈的影响力更是数一数二。日本有一个传统，就是日本的博物馆或美术馆的建筑多出自名建筑师的手笔，这赋予了美术馆、博物馆一项意义，使之成为一个城市的文化地标。而上野恩赐公园拥有的大师建筑不是一座，而是一群！如国立西洋美术馆，是由法国现代建筑之父勒·柯布西耶（Le Corbusier）设计的"亚洲唯一"的一座建筑，2007年被指定为"日本国家重要文化财产（建筑物）"，并于2016年7月17日被列为世界文化遗产（也是东京都内首个世界文化遗产）[①]，可以说是超高规格了。

  勒·柯布西耶的嫡传弟子前川国男在上野恩赐公园更是设计了两部作品，分别是位于国立西洋美术馆一旁的东京文化会馆和东京都美术馆。另外，由若干建筑构成的东京国立博物馆，则是出自数名日本本土建筑大师之手，如渡边

---

① 维基百科 - 国立西洋美术馆（Kokuritsu Seiyō Bijutsukan）词条，最后编辑于 2022 年 3 月 19 日．

仁设计的东京国立博物馆·本馆,是"帝冠式样"的代表建筑;谷口吉郎设计了东京国立博物馆·东洋馆,而他的儿子因设计纽约现代艺术博物馆新馆而广为人知的谷口吉生则设计了东京国立博物馆·法隆寺宝物馆;"东京国立博物馆"中历史最悠久的建筑,东京国立博物馆·表庆馆则是片山东熊的代表之作。

即便是从旅游数据来看,它们也毫不逊色。 2017年,东京国立博物馆共接待游客人数约218万人次[①],东京国立科学博物馆接待游客约为260万人次[②]。要知道,这些博物馆并非免费,由此带来的门票经济可想而知。

三、借公园之力,打文化之拳——拆解"公园型博物馆群"建设的成功之术

"大树之下,寸草不生!"笼罩在上野恩赐公园自带的"主角光环"之下,上野恩赐公园(博物馆群)是如何做到名利双收的呢?难道仅凭几个国字号招牌、几个镇馆之宝、几座大师建筑吗?答案显然是否定的!

上野恩赐公园看似抢了博物馆群的风头,无形中给博物馆群的发展施加了多重阻力。然而,上野恩赐公园之所以成功,也恰恰是因为围绕这个"公园",从场馆选址、环境营造到展陈设计、活动组织,每一个环节都巧妙地处理了博物馆与公园的关系,通过"巧实力",将"公园"从看似不利的因素,转变成了有助于自身发展的有力武器,使博物馆与公园融为一体,最终成就了世界上"公园型博物馆群"建设的经典范式。接下来,就让我们一一拆解上野恩赐公园(博物馆群)的成功之术吧。

1. 第一招 场馆选址术:蹭你的流量,赚我的粉

博物馆群的选址十分重要,它关系到博物馆功能发挥和效益的最大化。

从东京上野恩赐公园的发展历程来看,可以说是"先有公园,后有博物馆群"。根据东京城市的发展需要,上野恩赐公园将博物馆群纳入公园规划,随着博物馆群的发展,其规划也在不断调整。这从上野恩赐公园兴建后,从国

---

① 维基百科 - 东京国立博物馆(Tokyo National Museum)词条,最后编辑于2022年3月2日.
② 维基百科 - 按区域划分参观最多的博物馆列表词条(该列表根据《艺术报纸评论》的博物馆访问人数年度报告和主题娱乐协会的博物馆评分报告而生成),2017年.

立博物馆析出科学馆并迁建到公园、利用园内历史建筑办馆等事项可以看出来[1]。上野恩赐公园（博物馆群）选址于上野恩赐公园内，可以说是博物馆群获得成功的最为重要的前提，起到了决定性的作用。

上野恩赐公园本身就是东京市民的休闲中心，休憩、野餐、聚会、市集等休闲活动每天都在这里发生。再加上樱花、名胜、大熊猫等IP加持，上野恩赐公园可谓游人如织，俨然一个"超级流量入口"。把博物馆群放在公园里，便可坐享"渔翁之利"。

▲ 上野恩赐公园（图片来源：华高莱斯拍摄）

数据显示，上野恩赐公园每年吸引超过1 000万人次[2]，上野动物园每年吸引400万人次[3]，在这样巨大的流量保证的前提下，上野恩赐公园（博物馆群）便有了"蹭流量"的便利。通过简单的计算可以得出，每5个来上野恩赐公园

---

[1] 凌振荣. 中日美三国博物馆群建设比较研究 [J]. 博物馆研究，2013（8）.
[2] 维基百科 - 上野恩赐公园（Ueno Park）词条，最后编辑于2021年10月3日.
[3] 日本旅行之声网站：https://www.travelvoice.jp.

游玩的人，就会有 1 个人去博物馆看一看。通过游客的回访也能印证这一点："若于园中感受大自然的气息之后，再去博物馆转一转，感受些历史文化气息，我想是极好的。"①

光是"蹭"还不够，还得主动"薅"！ 每年 4 月的樱花季，上野恩赐公园将迎来入园流量的高峰期。据上野恩赐公园观光联盟统计，"上野樱花祭"期间，游客数量将达到 300 万以上②。这是一个多么可观的流量啊！因此，博物馆纷纷抓住机会，推出与樱花相关的主题展览，以便于导入流量，实现人气共享。其中反应最快、效果最好的便是东京国立博物馆。

在"上野樱花祭"期间，东京国立博物馆相应推出"博物館でお花見を（博物館赏樱花）"的主题展览。

首先，东京国立博物馆在院内同样种植了 10 多种高雅的樱花品种，并设立特色的"夜樱赏花日"，配上专门设计的樱花版游览手册，旨在邀请游客避开公园内人潮拥挤的樱花大道，转而投身东京国立博物馆这一处"隐れ屋（世外桃源）"。

其次，东京国立博物馆会特意挑选出以樱花为主题的艺术精品作为重点展品供人鉴赏，包含以江户时期浮世绘名作"飞鸟山花见"为代表的诸多作品，还有绘画、陶器、漆器制品、服装雕刻等艺术作品。

除此之外，东京国立博物馆还精心设计了樱花展品寻宝游戏、樱花手工坊、樱花音乐会等趣味活动，将观展与赏樱结合在一起，并通过精彩活动，大大增强了博物馆游览的趣味性与吸引力。

上野恩赐公园（博物馆群）正是通过聪明地选址，同时捆绑樱花祭等热点活动，轻松地实现了与公园的人气共享，让博物馆群在公园带来的流量大潮中，成功地为自身赚了一波"文化的粉"。

2. 第二招　环境营造术：用你的环境，静我的心

博物馆本应是一个静心参观的场所，如何营造引导人们静下心来游览的环境，是博物馆建设中的一项重要内容。反观国内的一些著名博物馆，馆内人声鼎沸，游客行色匆匆，恨不得在最短的时间内迅速把镇馆之宝逐一打卡，犹如

---

① 伊雄晖. 扶桑步履——东京国立博物馆之东洋馆［J］. 艺术品，2014（4）.
② 环球时代网站：https://www.globaltimes.cn/page/202103/1219678.shtml，2021-03-29.

蝗虫一般，嗖的一声进来，咔嚓按几下快门，又嗖的一声离开。除带走了几张照片，留下的则是一地喧嚣。

上野恩赐公园（博物馆群）之所以将博物馆建在公园内，不仅是看中了公园自带的流量入口，更是其得天独厚的自然环境——一针专为进入博物馆前准备的"静心剂"。

在人们进入上野恩赐公园（博物馆群）之前，首先要穿过的是一片自然静谧的公园。一排排错落有致的参天大树把外面的喧嚣隔绝，开辟出了这方清静之所。公园大片的绿色营造了静逸安宁的环境与氛围，让人们喧嚣的心境随着环境的切换而得到转变，开始慢下来、静下来，让思想变得纯净、精神追求顿悟。

既然公园的环境可以起到"静心"的作用，那么博物馆群在环境营造上便千方百计地把公园用足、做足。

首先，在整体布局上，让出 C 位，退居一旁。 在整个上野恩赐公园（博物馆群）里，樱花大道、喷水池、大草坪成为绝对的视觉中心，而所有的博物馆则围绕在四周，呈现众星捧月之态势。这样做的目的，是尽可能地让大家的关注点都放在公园身上，目光所及皆为绿，让心境的切换得到足够长的调整时间。

其次，在建筑外观上，谦逊设计，和谐相融。 不同于其他首都文博区的博物馆，要么是动辄上万平方米的庞然大物，要么是标新立异的奇怪建筑，上野恩赐公园（博物馆群）秉持"谦逊"的原则：规模体量适中，形式跟随内容，建筑材料多为清水混凝土，颜色也大多为冷色系（如白色、灰色），不让建筑本身喧宾夺主。

再次，在场馆环境上，延续意境，引人入胜。 每一座博物馆都是一个小园林，繁茂的绿色草木簇拥着一座座建筑，怡情悦目，使人感到博物馆是一个宽舒、自由、休闲的文化载体。在博物馆入口的设计上，也同样运用了巧思，使馆内的小环境与公园的大环境得以衔接，让意境的营造得以延续。比如在东京国立博物馆的入口处也同样打造了一个中央庭院，包含喷泉、水池、草坪、园林，只不过规模都小了一号，可以说是一个"迷你版"的上野恩赐公园。同样，在法隆寺博物馆，游客需要穿过一片环抱的树林，通过一条漂浮在浅水池上的石桥方能抵达建筑入口。

▲ 法隆寺博物馆的入口设计（图片来源：华高莱斯拍摄）

上野恩赐公园（博物馆群）在环境营造上的种种巧思，目的都是利用公园环境这针天然无害的"静心剂"，引导游客逐渐静下心来、放慢节奏，为进入博物馆内"发现美"做好准备。

3. 第三招　展陈设计术：借你的景色，美我的颜

只有合适的展陈方式，才能将展品身上蕴含的美最大限度地彰显出来。越是优秀的博物馆，其展陈空间与形式越多样化，不仅会根据展品的类型和特点而量身定制，还善于借助内外部环境，因势利导，为我所用。

对于上野恩赐公园（博物馆群）来说，公园般的自然景观是最为突出的外部环境，因此，这里的博物馆纷纷抓住这一优势，在展陈形式上多采用文化与自然相并重、室内与室外相结合，力求将文化艺术与自然景观融为一体，从而为自身的展品"增色添彩"。

借助公园环境，打造室外展厅。 在东京国立博物馆本馆的背后，依照日本园林的理念打造了一处精致的庭院，庭院包含了 2 个小馆和 5 间茶室。这个庭

院除供游人春季赏樱和日常休憩外，还会举办一些小型的专题展览，展出的作品也大多为绘画及书法等艺术作品。如庭院内的应举馆有画家圆山应举的隔扇画、九条馆有狩野派画家的作品《楼阁山水图》，此外，六窗庵、转合庵、春草庐等茶室还会举办茶会和诗会。当置身于真实的小桥、流水、绿树、竹庐之中时，这类艺术作品的逼真与灵动更能跃然于纸上。

正如东京国立博物馆馆长钱谷真美所说："我们认为博物馆仅保存文物是没有意义的，只有让观众来观赏才能显示其意义，要通过展示才能完成这样一个过程。庭院的茶室展示，是完全采用自然光。在采用柔和的光线来展示藏品这方面，我们也做了很多的研究，如采用类似于蜡烛，在茶室根据不同光照来安排展陈，会展示一些字画、挂轴等文物。"[1]

雕塑展品外移，与自然景观结合。相比室内单调的空间，室外变化的自然光线、色彩丰富的自然景观将更能凸显雕塑作品的立体与饱满。如国立西洋美术馆，除保留部分雕塑展品于室内展示外，重点将奥古斯特·罗丹的《地狱之门》《思想者》、布尔德尔的《射箭的赫拉克勒斯》等著名雕塑作品从馆内移至室外的前庭广场中，让游客能在郁郁葱葱的公园之中近距离观摩大师作品，更加带感！

墙体通透设计，将绿色引入室内。对于无法进行室外展览的场馆，也同样可以做到"借景"的效果，其中最有效的方式就是"去掉外墙"——包括国立西洋美术馆、东京国立博物馆·宝物馆在内的许多博物馆，多采用"落地窗"设计，让游客在看展品的同时也能看到窗外的景色，虽然身在馆内，仍能感觉到置身于一片自然绿色之中，实现室内的文物与室外的自然交相呼应。

上野恩赐公园（博物馆群）正是通过巧妙地借助公园般的自然环境与景观优势，设计多样化的展陈形式，有景的借景，无景的造景，从而实现艺术文化与自然景观的有机融合，在提升自身展品"颜值"的同时，也进一步强化了博物馆的游览体验。

---

[1] 东方早报：《日本何以至今仍保存着中国失传文物》，https://3g.china.com/act/culture/11170649/20160318/22083012.html, 2016-03-18.

▲ 国立西洋美术馆中的落地窗设计（图片来源：华高莱斯拍摄）

4. 第四招　活动组织术：在你的场地，上我的课

博物馆的本质在于教育。而日本应该是这世界上最热衷博物馆教育的国家了。每一天，在任何一个博物馆里，总能见到成群结队的学生，在老师的带领下认真地参观和学习。博物馆俨然已经成为学生最为重要的校外课堂。

与此同时，逐渐延伸出来了一种全新的教育理念——"见学"。该理念来源于日本，指"根据实际所见事物，学习知识并进行学习体会"。见学，不仅包括文化见学，还包括自然见学、农业见学、工厂见学等。如今，见学已成为日本儿童教育理念中不可或缺的组成部分。

几乎所有的博物馆，都能提供历史见学、文化见学、艺术见学、科学见学等活动，即便是在自然科学博物馆里，也都是通过标本进行生物见学，这是一种"静态"或"死物"的见学形式，见识程度有限。

上野恩赐公园（博物馆群）则不同，由于坐拥上野恩赐公园、上野动物园及寺庙宗教场地，不仅可以开展更多元的见学活动，而且是一种"动态"和"活物"的见学，大大强化了见识的广度与深度。

为此，上野恩赐公园（博物馆群）推出"i-Ueno"上野见学计划[①]，集中了上野恩赐公园的各大文化设施，创造了一个儿童和成人都可以学习的机会，向所有参与者展示博物馆的乐趣和上野恩赐公园（博物馆群）的魅力。

一方面，依托东京国立博物馆、西乡隆盛铜像、博杜恩·德·库尔德内博士像等文化印记，开展明治文化见学，展现区域的历史厚度；另一方面，依托国立西洋美术馆、东京文化会馆、旧岩崎邸庭院等众多的大师建筑，为建筑爱好者提供探索建筑魅力的游览路线；此外，依托宽永寺、东照宫、清水观音堂等寺庙名胜，讲述区域历史的同时，开展特色的祈福文化见学。

最受孩子们欢迎的当属自然见学了。上野恩赐公园里不仅栽种了丰富的植物种类，同时，上野动物园里更是饲养着 900 多种珍禽异兽。在园内的不忍池内，终年栖息着大量野生的黑天鹅、大雁、鸳鸯、鸬鹚和野鸭。池畔还有一个水族馆，里面有 500 多种水生动物。动物园边上建有牡丹园，种植了 70 多个品种 3 000 多株牡丹[②]。丰富的动植物资源使得上野恩赐公园成为孩子们最喜爱、最鲜活的见学乐园。

不仅如此，为了最大限度整合上野恩赐公园的见学资源，将现有的零散的、单个见学活动串联起来，上野恩赐公园（博物馆群）特别制定了"上野欢迎护照（Ueno Welcome Passport）"通票体系，用更为便捷和划算的方式，为参与者送上了一份"一站式的见识倍增大礼包"。

上野恩赐公园（博物馆群）正是充分调用了公园内的各类见学场地，将博物馆的教育功能与文化见学、建筑见学、祈福见学、自然见学等活动进行联动，从而形成了更多元、更鲜活、更具体验性的见学体系，让参与者在逛公园的同时便能增长见识。

通过拆解上野恩赐公园（博物馆群）的成功之术，我们不难发现，虽然自带强大光环的上野恩赐公园给博物馆群的发展带来了一些阻力，但只要处理好博物馆与公园的关系，在场馆选址、环境营造、展陈设计、活动组织四大关键环节上发挥"巧实力"，将公园为我所用，便可以借力打力，转危为

[①] 上野恩赐公园博物馆见学官网：https://museum-start.jp/.

[②] 维基百科 - 上野恩赐公园（Ueno Park）词条，最后编辑于 2021 年 10 月 3 日.

安，实现自身的良性发展。

四、中国的"上野恩赐公园"

行文至此，可见世界上的文博区，其发展路径各不相同，而日本东京的上野恩赐公园（博物馆群）为我们诠释了一种全新的发展范式——"公园型博物馆群"，即将博物馆群与城市公园相结合，目标是成为文化与自然相互浸润的有机整体。这样的发展模式，将为我国的博物馆群建设提供一个可借鉴的样本。

那么，中国哪些城市最有可能打造"上野恩赐公园"呢？

要想回答这个问题，首先必须明白：**并不是所有公园都能承载博物馆群！优美的自然环境，绝不是博物馆群"相中"公园的第一原因！相反，博物馆群贴近的其实是"人"，而且是高度聚集的人群，而城市公园往往是这个城市中人气最集中、人群停留时间最长、人群休闲方式最多元的场所。因此，只有在这样的地方，博物馆群才能与人的活动发生高度的共振，从而确保博物馆群立于不败之地。**

当我们明白这个道理之后，再来看中国的"上野恩赐公园"候选者，答案自然浮现出来：杭州的西湖和武汉的东湖胜算最大。首先，这两个地方自古以来就是中国最著名的风景名胜区，湖光山色、风景秀美、人文荟萃，尤其是当这些景区免费对外开放以后，每年接待的游客量都达千万量级，吸引力毋庸置疑；其次，区域内都拥有大量的休闲资源，凭借城市中心的绝佳区位，已经成为市民日常休闲和娱乐的中心；另外，作为新一线城市的代表，两个城市在文化建设上都是大手笔投入，掀起了一波博物馆的建设热潮，一座座博物馆设施在风景区内拔地而起……这些都为它们打造"公园型博物馆群"创造了最佳条件。

然而，在快速建设的同时也伴随着一些问题，如博物馆设施相对分散，单摆浮搁，难以形成合力。另外，虽然这些博物馆置身风景区内，但纯粹是空间上的聚合，无论是场馆环境营造、展陈空间设计还是活动功能组织，并未与景区形成联动，导致参观体验不佳、人气也未能兑现景区庞大的流量优势。

因此，有了上野恩赐公园博物馆群这颗"珠玉"在前，相信未来杭州西湖和武汉东湖也能快步跟上，逐步实现从"风景名胜区"向"文化与自然融合的中央文博区"升级！

▲ 动物园岛南岸（图片来源：华高莱斯拍摄）

不想当博物馆的公园不是好动物园
——斯德哥尔摩于高登岛重新定义博物馆名片区

文 | 陈 星

斯德哥尔摩城市名片区大概是这个世界上气质最为特别的首都文艺区，你很难用任何一种传统意义上的城市片区功能概括它，如果一定要给一个明确的形容，那只能是"不想当博物馆的公园不是好动物园"！它是斯德哥尔摩博物馆最为集中的片区，它是斯德哥尔摩最聚人的公园绿地，它是斯德哥尔摩最受欢迎的城市游乐园，它拥有看似最随意的片区别称"动物园岛"。就是这样一个草莽气十足的区域，却承担着瑞典这个现代强国的首都文化名片的功能，向世界展示了一种"接地气、不矫情"的都市名片区打开方式。

一、北方来客，我乃草莽

博物馆集群是一个大都市的门脸，是展示一个城市甚至是一个国家的综合国力所在。这个世界上有如同维也纳、马德里、巴塞罗那这样的文化名城，遍地闪烁着珠光熠熠的文化砾石和历史碎片；也不乏如同纽约、华盛顿这样依托着强大的国力资本，用真金白银"砸"出来的高大上的都市文化艺术区域。然而世上的大多数城市，在文化底蕴上似乎都不甚优秀，即使是像瑞典这样现代强国的首都斯德哥尔摩，在构建属于自己的文化特区时也会面临着"无米下炊"的困境。

瑞典作为北欧诸国之一，远离欧洲大陆文明，历史上一直以野蛮人"维京海盗"的姿态自生自灭、肆意生长，文化底蕴着实贫瘠。尤其是首都斯德哥尔摩更是在 15 世纪后才逐渐发展成型，相比历经了文艺复兴、群星闪耀的欧洲古城而言，"后维京时代"斯德哥尔摩的城市闪光点均来自工业文明时期。然而，再伟大的"诺贝尔"标签在流光熠熠的文艺殿堂面前，也渺小到羞于世人。

没有"圈养"于庙堂之高的高雅历史文化，就意味着对"名片区打造计划"的必然放弃吗？不！正如拿破仑大帝所言"不想当将军的士兵不是好士兵"，不想打造属于自己的名片区的城市不是好首都。博物馆名片区的打开方式绝不是只有"高高的庙堂"这一种，斯德哥尔摩这群"维京人"后裔，带着他们特有的草莽思维"另辟蹊径"地走出了一条博物馆乐园区打造道路。

二、落魄皇族，逆风翻盘

提及博物馆名片区，毋庸置疑，所有斯德哥尔摩人都会遥指那座坐落在古城东部的于高登岛（又被翻译为动物园岛）。不同于其他国家金碧辉煌、熠熠生辉的重量级博物馆区域，于高登岛平易近人的"范儿"乍看起来更像是市民休闲的公园、儿童玩耍的游乐园。

如果说于高登岛本身有什么与众不同的地方，大概就是"皇室基因"了吧——这里曾是瑞典王后的狩猎场。于高登岛自15世纪以来便被瑞典王室所有，后被选为瑞典王后克里斯蒂娜（Kristina）的驯狮场，岛上的森林专供王室狩猎所用[1]。如果你以为带有"皇家"字样就是含着金汤匙出生的金贵"小王子"，那么于高登岛的发展历史会用残酷的现实告诉你，并不是。

于高登岛像是一位"落魄皇族"数百年来受困于有名无实的"皇室标签"，一直保持着森林绿野的形态，毫无发展。直至19世纪中期瑞典皇权弱化，市民才开始真正踏足岛上，并逐渐带入游乐园、酒店、马戏团等娱乐（设施）活动。19世纪末，瑞典民俗学家阿图尔·黑泽留斯（Artur Hazelius）以个人名义在岛内投资创办了北欧博物馆和斯堪森露天博物馆[2]，于高登岛才真正成为斯德哥尔摩市民的休闲集聚区。就在于高登岛发展即将进入首都城市重点拓展区时，1913年时任瑞典国王的卡尔（Karl）却签署了于高登公园用地保护倡议书，要求市政部门完全终止在岛内的建设工程，为所有市民保留城市绿地空间。这份文件几乎就此终止了政府的于高登岛城市化建设计划，也封闭了于高登岛从休闲区向城市名片转变的快速通道。

于高登岛片区发展既存在瑞典历史遗存缺失的先天缺陷，又备受"皇族背景"的后天束缚。这些问题决定了片区绝无可能打造传统意义上气势恢宏的"历史文化殿堂"。

---

[1] 维基百科-于高登岛（Djurgården）词条，最后修订于2020年12月22日.
[2] 维基百科-阿图尔·黑泽留斯（Artur Hazelius）词条，最后编辑于2022年2月2日.

斯德哥尔摩政府针对岛上的两大问题,创新性地打造了乐园型城市博物馆文化区,构建出一种别开生趣的"接地气"平民范儿的名片区。这里如今已经成为斯德哥尔摩市乃至北欧最具影响力的旅游片区和休闲片区,每年迎来超过1 500万名游客[①],常年入选北欧最受欢迎旅游目的地排行榜[②]。如今的于高登岛从名气、流量、特色、科普教育功能等各个因素考量,均不逊色于其他大都市博物馆名片区。

▲北欧博物馆外露天餐厅(图片来源:华高莱斯拍摄)

三、剑走偏锋,创意乐园

正如前文提及,于高登岛是一种"接地气、不矫情"的首都文化名片区。斯德哥尔摩政府剑走偏锋,以打造"乐园"的心态和方式来构建整个区域,为

---

① Royal Djurgården 官方网站: https://royaldjurgarden.se/en/the-royal-djurgarden-society/.
② Tripsavvy:《斯堪的纳维亚最受欢迎的旅游目的地排行榜》,https://www.tripsavvy.com/top-attractions-in-stockholm-1626844, 2021-04-01.

世界展示了一种全新的乐园型博物馆区打开方式。而乐园型博物馆区与传统意义上的"文化殿堂"的区别在哪里呢？

在于心态要端正，"不求面子，求实惠"，片区形象不见得要看起来"高大上"，但一定要能抓流量！

在于目标要明确，"不挑受众，但求聚焦"，片区既要能够服务全人群，也要聚焦核心主力人群！

在于设计要取巧，"不求顶级，求多样"，片区不需要一座"世界级磁极"，但一定有组团作战能力！

在于手法要灵动，"不求正经，求刺激"，片区功能不见得只有传统科普功能，但一定要有刺激体验！

1. 团队作战——能级不够，组团来凑

对于斯德哥尔摩这个现代城市而言，重金砸出一个具有国际影响力的博物馆，可能吗？答案当然是肯定的。但关键在于斯德哥尔摩这样一个北欧城市，拥有一个或甚至几个重磅博物馆，也无法更改人们对其文化底蕴缺失的认知——斯德哥尔摩永远不是，也成为不了维也纳。与其煞费苦心，不如"四两拨千斤"，走"流量明星"的路线，组团作战抓总量才是硬道理。

斯德哥尔摩市政利用于高登岛已有的存量建设用地和周边可用建设用地，进行整体布局，打造特性明确的博物馆集群，形成了瑞典国家博物馆、瑞典现代艺术博物馆为代表的国家级博物馆集群；以斯堪森露天博物馆、瓦萨沉船博物馆、北欧博物馆和儿童博物馆为代表的休闲属性博物馆集群；以海洋博物馆和科技博物馆为代表的专业型博物馆集群；并遵循1913年签订的于高登公园用地保护倡议书，完整保留岛内西部公园绿地，打造形成绿野休闲区。

组团作战的本质其实是城市造景区惯用的"小景点、密集化"打造手法。而体现在斯德哥尔摩的名片区打造中，集中打造数十个轻量级博物馆，则迅速确立了于高登岛的博物馆名片区属性。不同博物馆之间呈现互相带动的效应，也将于高登岛一举送上了"流量明星"地位，根据斯德哥尔摩统计局发布的《2018年斯德哥尔摩城市旅游产业报告》，于高登岛片区多座博物馆成为城市明星景点①。

2. 聚焦客群——主抓儿童，小手拉大手

对于任何一个具有科普意义的博物馆片区而言，提供的一定是全民的、终身的科普教育服务。博物馆必定是全民共有、共享的，无论老少、贫富、种族、残障、信仰等，博物馆都应敞开大门，将其当作自己的受众。然而，这对于"求实惠"的于高登岛乐园片区而言，全人群绝不解渴，明确的目标客群才是能够抓住的"真实流量"。

"从来没有任何一个时代的儿童像今天这样对社会和经济影响如此巨大，孩子很小就可以选择自居的需要，参与重大的家庭决策……处处影响着家庭消费的投向"②。正如《儿童经济—为什么孩子意味着商机？》中所言③，于高登岛乐园片区在打造上处处透露着，这是儿童可以肆意玩耍、满足儿童一切畅想的区域。通过这种小手拉大手的手段，于高登岛牢牢锁住了城市的主流客群。

（1）专门为儿童打造博物馆。

①**六月坡儿童博物馆（Junibacken）。**

六月坡儿童博物馆以瑞典作家阿斯特丽德·林格伦（Astrid Lindgren）的童话故事《长袜子皮皮》为主题④，通过三大设计，为儿童打造了一个梦幻的童话世界。六月坡儿童博物馆自1996年开业以来很快便成为于高登文化区最吸引人的场馆之一，每年迎来超过30万的游客。

真实场景： 这里入门便营造了童话故事人物的鲜活生活场景，包括长袜子皮皮的家——维勒库拉老木屋，在这里小朋友可以真实触摸到所有的童话人物，与他们一起玩耍，和他们一同调皮捣蛋。

---

① 斯德哥尔摩商业局：《2018年斯德哥尔摩城市旅游产业报告》，https://www.stockholmbusinessregion.com/facts-figures/.

② 华裔网：《中国的儿童经济》，http://www.huayiw.com/giant/html/2014/8/19/1260.html，2014-08-19.

③ [美] 安妮·萨瑟兰，[美] 贝思·汤普森. 儿童经济—为什么孩子意味着商机？[M]. 北京：中信出版社，2003.

④ 六月坡儿童博物馆官方网站：https://www.junibacken.se/upplev/.

动态体验： 博物馆里还可以动态体验皮皮童话小火车，在车厢里不仅可以听到作者阿斯特丽德读故事，还专门设计了童话故事场景音乐、灯光，让小朋友们可以从多个感观体验童话世界的美好。

主题剧场： 博物馆内打造了瑞典最大的儿童剧场，每年演出主题剧目1 500余场，在这里，小朋友们可以看到皮皮和她的朋友们演艺童话里的故事。

②斯堪森露天博物馆（Skansen）——儿童动物园。

斯堪森露天博物馆是世界上最大、历史最悠久的露天博物馆，主要展示瑞典工业时代前的民俗生活，馆内保存着从瑞典各地完整搬运过来的150余座瑞典民房①，还展示着斯堪的纳维亚特有的各类动物。然而，其最特殊的部分就是专门为儿童设立了儿童动物园。

儿童动物园主推动物见学功能，让城市中的孩子学习城市生活中无法接触的知识，学会"辨六畜"。毕竟让孩子们只是玩儿，并不能满足现代家长的教育需求，让孩子在玩耍中自我成长才是根本。园中的动物经过专门挑选，多为温驯的动物种类，如绵羊、兔子、豚鼠等，还包括一些动物幼崽，如小马驹、小麋鹿等。在这里儿童不仅可以看到动物，更能近距离触摸，在专业育养师的指导下同动物宝宝们一同玩耍，学习对自然生灵的敬畏和关爱。

③北欧博物馆——儿童滑冰区。

北欧博物馆是展示斯堪的纳维亚半岛文化传统的博物馆，也是展示瑞典人自16世纪以来真实生活的文化场所。而博物馆最为特色的是每年冬、春季节，便在博物馆大厅为儿童打造专属溜冰场，并专门设置冰上安全员，指导儿童安全滑冰。冰上运动向来是瑞典人的传统运动，北欧博物馆通过打造儿童滑冰区，吸引儿童和家庭人群参观馆内陈设，更好地发挥连接瑞典人现代生活与历史的桥梁功能。

（2）特色的儿童配套。

于高登岛内专门为儿童配备了儿童餐厅，餐点主推儿童喜爱的点心、蛋糕；为儿童专门打造简单易懂的卡通菜单；食物设计上也考虑儿童的用食量，

---

① 斯堪森露天博物馆官方网站：https://www.skansen.se/sv/upptack-skansen。

▲ 瓦萨沉船博物馆内部（图片来源：华高莱斯拍摄）

以小份多样为主。在服务上，也引导鼓励儿童自主点餐、取餐、用餐，一切设计理念均"围绕儿童、服务儿童、为了儿童"。

3. 主打休闲——功能缤纷，活力刺激

如果不够刺激好玩，那与普通的博物馆群有什么区别？！于高登岛对自身的定义是首都博物馆区，但绝不仅是博物馆区这么简单，而是具有博物馆区功能的城市乐园。因而，区域以"不求正经，求刺激"的打造理念，形成了多元、刺激的多重特色休闲体验。毕竟在这个"玩儿才是硬道理"的时代，好玩才能"走流量"。

4. 新锐文化——五感盛宴

对于年轻人而言，于高登岛的意义不仅是正统的文化教化场所，还是深入触碰渗透瑞典最经典流行文化的狂欢场。于高登岛内打造了瑞典经典乐队ABBA纪念馆和瑞典烈酒文化馆，营造直观的听觉、视觉和味觉刺激，让你全身心地沉浸于狂欢，沉浸于瑞典斯德哥尔摩独特的城市气质与文化。

（1）ABBA 纪念馆：打造最身临其境的音乐盛宴和视觉互动。ABBA 纪念馆 2013 年开幕，不仅展示了 ABBA 乐队发布的所有唱片作品、演出服饰、所获奖项等其他周边产品，在馆内还重建了 MV 场景，在这里，很容易就能让热爱音乐的年轻人置身于朝气、活力的歌曲情境之中。还配备了许多音乐主题互动设施，乐迷们可以亲身体验音乐录制、歌曲制作、音乐定制、MV 拍摄、视频互动、现场演出等场景。

（2）瑞典烈酒文化馆：提供最浓厚的味觉享受和嗅觉刺激。于高登岛 2012 年开张的烈酒文化馆可以说是最能体现瑞典人的饮酒文化。这里绝不仅展示五颜六色、酸甜苦辣的酒精历史，更关注酒精所引发的人的行为、欲望与痛苦。除此之外，这里最引人驻足的便是瑞典政府捐赠的 850 多件伏特加典藏系列和 550 位艺术家设计的酒瓶作品。[①] 当然，在馆内酒吧品尝瑞典最传统的酒精大作也是一种味觉上的盛宴。烈酒文化馆内设计的一切都在渗透一个信息——"瑞典人绝对比战斗民族更爱酒精"！

5．主题乐园——身心刺激

将于高登岛的打造模式定义为"乐园型博物馆名片区"，绝不仅仅是一句空话，因为斯德哥尔摩政府真的在岛上打造了一座游乐园——蒂沃尼游乐园（Gröna Lund）！蒂沃尼游乐园面积不大，但坐落在于高登岛的边缘地带，面临大海且游乐设施十分密集，园内设置不同刺激程度的过山车，为慕名而来的百万名玩客提供最刺激的身心体验。

6．城市节庆——连续狂欢

城市乐园带给民众的不仅局限于静态文化普及、渗透身心的五感盛宴，还应有更具活力的城市狂欢。于高登岛作为城市文化休闲极核，是斯德哥尔摩城市各类节庆活动的主要承办地，形成活动月月不停歇的娱乐狂欢氛围。于高登岛不仅成为斯德哥尔摩的文化名片，更给自己标定了城市狂欢的标签，源源不断地吸引慕名而来的游客。

---

① 瑞典烈酒文化馆官方网站：https://spritmuseum.se/om-spritmuseum/.

7. 强势互动——特色交通，内外联动

（1）内部缝合，多样化特色交通串并各个组团。于高登岛文化区内部各功能区在地理上存在一定的割裂，作为一个有机发展的整体，只有良好的交通串并，才能实现各组团合力的发展，谋求共赢。斯德哥尔摩政府在片区打造时，用复古趣味的交通将区域内各个组团有机缝合在一起，增加区域游玩便捷度，例如，特色水路两用游船连接于高登本岛和周边片区功能组团，复古斯堪森7号电车连接斯德哥尔摩城市中心区与于高登岛文化区和童趣卡通小火车串并于高登本岛内部各个游览景点。

（2）外部串联，带动城市其他片区人气提升。对于一个博物馆名片区而言，单摆浮搁或一家独大，绝不是片区的终极发展目标。名片区同时也必须成为城市整体的旅游磁极、人气发动机，带动城市其他片区蓬勃发展。如今的斯德哥尔摩在于高登岛乐园片区的基础上提出了"斯德哥尔摩大博物馆"的概念，在斯德哥尔摩城市街区建立一种与城市发展、公众生活紧密关联的没有围墙的"城市博物馆"。城市以于高登岛为核心磁极，设计多样游线，串联城市多个片区，带动城市其他片区人气和影响力，实现全域共赢。

四、没有唯一答案，城市面临的从来都是选择题

于高登岛的困境不是城市区域本身打造面临的困扰，而是整个城市甚至国家文化的缺失。不是每个城市都如北京、南京、西安、杭州一样，拥有强大的文化历史底蕴可以依靠；也不是每个城市都如纽约、华盛顿一样，可以依靠强大的财力资本和都市能级，通过购买大量的大师作品构建文化自信。大多数的城市都面临着斯德哥尔摩这样的"三无"困境，没有强IP，没有强底蕴，也没有足够多的历史遗产。

对芸芸众生型城市而言，选择重金打造"文化殿堂"似乎更像是"面子"重于功能、实用的鸡肋选择。其实，不妨摆正心态，换种思维重新思考城市名片区打造手法，毕竟世界上没有《城市博物馆名片区打造手则》这类标定了执行标准的城市《圣经》，在没有标准答案的情况下，重金打造出的"文化殿堂"可以是正确答案，"四两拨千斤"巧实力设计出的"乐园片区"也可以是正确答案。

▲ 瓦萨沉船博物馆（图片来源：华高莱斯拍摄）

不妨切合实际，不谋求某个绝对"硬核"的重量级博物馆，而是立足城市气质，打造"功能全面、人群聚焦"能够带来"真流量、真效益"的城市文化区。

▲大都会艺术博物馆（图片来源：全景网）

缺什么补什么的欲望都市——纽约"博物馆一英里"

文 | 张云星

在博物馆领域，美国看似百年老店，但与欧洲相比，也还是"小字辈"的新贵。然而，作为后起之秀，美国博物馆却代表和带动着世界博物馆界的动向。有资料表明，美国有大约 1.75 万座博物馆，每年吸引超过 8.5 亿人次的世界参观者，这一数据相当于每年观看篮球、棒球、橄榄球等各大体育赛事人数之和的六倍①。可以说，美国的博物馆不仅是旧遗产的投影机，还应成为新文化的发生器。

纽约是美国博物馆最集中的地方，博物馆在美国当代文化中的地位，于纽约可窥见一斑。

谈到纽约博物馆，不得不提及第五大道上，从 82 街到 105 街的一条长 1.2 英里（约 1.9 千米）的博物馆大道，它被形象地称为"博物馆一英里"（Museum Mile）。街道两侧坐落着九座著名的博物馆，其中包括国际知名的大都会艺术博物馆、古根海姆博物馆、纽约市立博物馆、犹太博物馆等。这里可以说是纽约文化设施最集中的地方，也是纽约这座"欲望都市"的文化名片。然而，对于纽约这位年轻的"暴发户"来讲，能拿出这样一张重量级文化名片着实不易！

一、暴发户的"代偿心理"

纽约，从一个贸易据点起家，先成为国家首都，后成为世界级大都会，如今已经敢挺直腰板，号称"世界文化之都"。但是，你可知道如今光鲜照人的纽约，曾经也有过被人看作"文盲"的黑历史。

纽约是一个移民城市，仅有 300 多年历史，刚开始被叫作"新阿姆斯特丹"。纽约利用天然港的独特地形优势发展贸易，而贸易为纽约迅速带来了人、货和财富，可以说是"一夜暴富"。但是，**纽约作为美国国际性大都会的迅速**

---

① 刘丽丽. 美国的博物馆文化［J］. 党建文汇：下半月版，2016（3）.

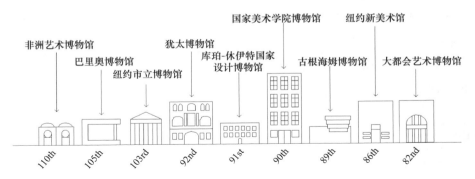

▲ "博物馆一英里"上的九座博物馆（图片来源：华高莱斯制作）

崛起，经济的繁荣、财富的暴涨与纽约作为新兴移民城市的"历史文化短板"现象形成了强烈的反差。在傲慢的欧洲人眼中，纽约简直就是一个缺少历史文化熏陶的"土豪""暴发户"。

在 1740 年曾任纽约州长的卡德瓦拉德·科尔登（Cadwallader Colden）带着一丝苦涩地写道："尽管纽约毫无疑问地拥有北部殖民地中无可匹敌的财富，我们在知识和教育的发展上投入的精力较少。在年轻人当中，唯一普及的生活原则就是挣钱。"

另外，尽管是在美国国内，纽约也时常被自家兄弟嘲讽。18 世纪中期，与号称是"典雅之城"的波士顿或"博爱之城"的费城相比，纽约就是一座不注重培养精神乐趣的城市，而纽约人也被认为只对金钱感兴趣。由于纽约本地缺乏富有才华的艺术家，所以纽约的富人纷纷前往波士顿委托肖像画家约翰·辛格尔顿·科普利（John Singleton Copley）绘制自己的肖像。当时，波士顿已经坐拥北美最为丰富的欧洲艺术品馆藏，恨不得出门就跟人炫耀自己那些"只能看不能摸但可以拼命往外说"的艺术品。相比之下，当时的纽约人对于自身短暂的历史和浅薄的文化，感到深深的自卑。然而，正所谓"缺什么补什么"，对于纽约这样好面儿的国际化大都市，决不允许自己有如此大的缺陷。

生理学上的"代偿效应"自然而然地发生在了纽约文化区的建设中。生理学上的"代偿效应"是指当人体的某项功能受损后，其他的某项人体功能会增强，以弥补所受到的损失。如失去视力的盲人，听力一般会比较好；人的一个肾切除了，另一个肾会变得更大，功能更强。也就是说，一个劣势，会逼出另一个优势。纽约之所以在后来的城市发展中，倾尽全力搜寻世界文化宝藏，构建文化设施，也是对于"历史短暂、自身文化缺失"的一种代偿心理。

在代偿心理的驱动下，"博物馆一英里"上的第一座博物馆——大都会艺术博物馆建立了。这座世界知名的博物馆，就是因为纽约人民再也受不了国内外对其历史文化的小觑，集结了27位富有文化修养和公益心的纽约"富豪"，在巴黎做出了一个重要的决定：**成立一个委员会为纽约市和人民建立一座博物馆，从文化艺术上拯救纽约大都会！**自此之后，纽约可以说是不畏艰险，走上了为文化事业奋斗终生的康庄大道。

每一个成功者的背后都有一段奋斗史，纽约是如何在没有历史遗存、缺少文化根基的情况下，塑造全新的文化气质，建立起别人无法企及的文化帝国的呢？

二、"博物馆一英里"是怎样炼成的？

对于博物馆而言，毋庸置疑，藏品就是灵魂。"文化自信"的城市一般都倾向于收集本土文物，围绕自己的历史文化大说特说，这种方式虽然也会名声大噪，但只是让世界看到了自身文化。如中国的北京、西安，仅从现存或地下挖出来的文物就够说几辈子了，但是在世界文化宝藏的收藏和展示方面就没有那么突出。可以说，这种以自身文化为中心的展陈逻辑也制约了我们对世界的充分解读，影响我们在世界舞台上的影响力。

像纽约这样"文化自卑"的城市，反倒能够另辟蹊径，避开自身的历史文化短板，通过瞄准世界级文化艺术珍品，打造集世界高水平文化珍宝于一体的世界级博物馆区。走这样一条"收藏"之路虽然很艰难，但也很容易快速出效果，很容易产生巨大的世界影响力。

因此，在纽约"博物馆一英里"中，只有103街的纽约市立博物馆（Museum of the City of New York）所展示的展品完全与纽约城市发展史相关，其他博物馆所展示的都是世界文化艺术，涵盖范围包括历史、民族、宗教、艺术等众多文化领域。这里已经成为世界文化的朝圣地。

◀纽约市立博物馆 （图片来源：华高莱斯拍摄）

那么，纽约"博物馆一英里"是如何得到世界各地的这些文化艺术珍宝的呢？

（一）买买买：如何做一个"捡漏儿"高手

作为一座博物馆而言，丰富自身的藏品，是提升自己影响力的重要支撑。而要想丰富自身的藏品，无论是博物馆还是个人，"捡漏儿"（以便宜的价格买入高品质的藏品）应该算是所有人都希望遇见的幸运。应该说，纽约大都会艺术博物馆堪称收藏界的"捡漏儿"之王。而这就离不开大都会博物馆的"好时机"和"好眼光"。

1."好时机"——在别人的"乱世"中，购得自己的"盛世藏品"

纽约虽然有钱，但是前期购买的文化艺术品质量很是一般。大都会艺术博物馆建立初期，没什么好的展品，纽约市民也是一片不看好，就连美国大文豪马克·吐温也嘲笑过大都会艺术博物馆的艺术品位低下。但是，机灵的纽约人，充分发挥了过人的商业头脑，找准时机，从全世界获得了无数珍宝，从而站稳脚跟。

那么这些珍宝是美国抢来的吗？并不是！人们曾误解，纽约很多博物馆的藏品是抢来的，但其实与俄国、德国、英国、法国趁战乱直接抢夺中国文物不同，**美国虽然抓住了战争的机会得到了许多艺术品，但是都是通过商业化的行为进行购买的。**如博物馆研究专家常青表示，收藏在美国博物馆的中国"国宝"主要有三大来源：一是学者或策展人；二是古董商；三是收藏家。①

虽然博物馆的这些藏品不是抢来的，但也是纽约人趁着别国"战乱"或"积贫积弱"的时机，以远低于这些"宝贝"的实际价值而获得的。

大都会艺术博物馆的第一批藏品就是在法国和普鲁士打得难舍难分之际，在硝烟弥漫的战场上收购的。当时，一位叫布洛杰特的纽约商人，在给大都会艺术博物馆董事会的信中写道："眼下是对艺术品砍价的绝好时机，法国政府最近对德国人下了驱逐令，许多长久居住在巴黎的德国财主被迫逃亡，这些德国人不得不以平日价格的 1/5 变卖自己的全副家当和传家宝，许多很好的画作，甚至包括之前从不交易的古典杰作。"最后，在这期间商人布洛杰特为大都会艺术博物馆买下了 **174 件**绘画。②除此之外，纽约人也在中国最贫穷的时候，从中国购买了大量的古物。如在中国刚改革开放、非常需要外汇的时候，纽约的古董商安思远（Robert Hatfield Ellsworth）多次来到中国，他的风格是"我全买"，一下子买走几十件、几百件，其中不乏齐白石、傅抱石、徐悲鸿、张大千、潘天寿等人之作。

2."好眼光"——拉拢一批具有高鉴赏力的"买手"，收集高水准世界艺术品

在艺术品收购的过程中，有一批品位卓越、眼光独到的"买手"为纽约的博物馆建设提供着直接或间接的服务。其中包括银行家、金融巨头，同时也是收藏狂人的 J.P. 摩根（John Pierpont Morgan）、为犹太博物馆做出卓越贡献的哈里·弗里德曼（Harry G. Friedman）博士、纽约新艺廊创始人罗纳德·劳

---

① 电子科技大学新闻中心：《亚洲艺术史专家常青做客成电讲坛讲述"远游美国文物的前世今生"》，https://news.uestc.edu.cn/?n=UestcNews.Front.Document.ArticlePage&Id=66397，2018-09-20.

② 新浪收藏网：《那么多老祖宗的好东西，都藏在美国这家博物馆里》，http://collection.sina.com.cn/ddys/2017-01-04/doc-ifxzczfc6892749.shtml，2017-01-04.

▲ 大都会艺术博物馆：山西广胜寺元代彩绘壁画《药师经变》（图片来源：华高莱斯拍摄）

德（Ronald S. Lauder）等。从早期的作家手稿、印刷的书籍，到中世纪的珠宝、油画、头盔、武器、瓷器、雕塑、装饰品等，一旦看到有价值的藏品，他们都会不假思索地掏出美元。

除本国的豪门"买手"外，**纽约博物馆之所以能在全球购买藏品，更是因为拉拢了一批来自世界各地的专业"买手"**。其中，卢芹斋就是纽约博物馆区的亚洲藏品最重要的"买手"。虽然此人在中国颇受争议，但客观来讲，在纽约甚至美国和欧洲的亚洲文物领域，无人不被他的收藏与眼光所叹服，大都会艺术博物馆馆长也是他的常客。他让世界对中国艺术有了新的品位，甚至可以说从他开始，人们才对中国艺术品具备了鉴赏力。他就如同一块象征质量、艺术保证的金字招牌，贴有 C.T.LOO 标示的文物可比市场价贵二至三成。

"好时机"&"好眼光"，为纽约"博物馆一英里"带来了丰富多彩的世界珍品，让纽约的文化区实现了从无到有的转变，奠定了"博物馆一英里"世界文化殿堂的稳固根基。

（二）捐捐捐：不为炫富，而是一种令人敬佩的公民意识

在中国，虽然曾经以鼓励劝导民间捐赠的形式来丰富馆藏，但随着个人收藏热的兴起，越来越多的收藏家认识到自己藏品的珍贵性，也就使得博物馆捐赠工作很难进行。目前，中国大多数博物馆的馆藏的来源都是"民间征购"。**纽约"博物馆一英里"中的收藏品，除向全球征购外，另外一个非常重要的来源就是富裕阶层的捐赠。**据统计，4.2%富有的美国人承担了对艺术领域捐赠的93%份额，而1.2%的"富中之富"美国人的捐款占了其中的60%。[①] 回顾大都会艺术博物馆140多年的演进历史，董事会从建馆之初21人发展到现在41人，私人慈善家的捐赠一直在延续，迄今为止，藏品的拥有者已经增至950人之多。[②]

那么，为什么富裕阶层如此热衷于捐赠事业呢？原因有两个方面：一方面是受美国良好的捐赠制度影响；另一方面则是出于自身形象的树立和心灵上的满足。

1. 美国富裕阶层捐赠行为的盛行，主要归功于美国的捐赠制度

正如邓小平说过的，一个好的制度可以使坏人变成好人，一个坏的制度使好人变成坏人。正是因为在美国不断改善的捐赠制度下，富豪或企业可以通过艺术品的捐赠获得更多的利益，才促使"老奸巨猾"的商人们主动投身捐赠大军。其中，最主要的制度有以下两种。

（1）减少个人所得税。根据美国《1969年税收改革法案》的规定，收藏家捐赠艺术品，可以在联邦税款中享受扣除其全额市场价值的优惠待遇。如私人捐赠向公共慈善组织时，在缴纳个人所得税时，可以享受税收扣除，此外，也规定了税额顺延政策（如捐赠的古董市场估价40万美元，第一年税费减免

---

① 中国收藏网：《美国减税政策撬动文化捐赠》，http://news.socang.com/2013/12/05/0936202973.html，2013-12-05。

② 光明日报网：《纽约大都会博物馆的历史及文化功能》，https://www.sohu.com/a/232288537_115423，2018-05-21。

30万美元，剩余10万美元可在下一年的税费减免中兑现）。

（2）**抵消高额遗产税**。在美国，死者的遗产越多，那么其征收的税率就越高。但如果一个收藏家生前对某文物享有所有权，在其死后该文物被捐赠给了公共慈善机构，那么则可以获得该文物捐赠时公平市场价值的100%的扣除。如果该文物被后代继承，文物最新市场估值为100万美元，则继承人要缴纳以100万美元为基础税额再乘以税率的税款。因此，很多人因不能承受高额的遗产税而决定将收藏品捐出。①

2. "富豪们"出于提升社会地位考虑，投身慈善事业，减少人们的仇富心理

南北战争和第一次世界大战之后，美国出现了一批工业巨头，如钢铁大亨安德鲁·卡内基（Andrew Carnegie），石油大王约翰·洛克菲勒（John Davison Rockefeller），银行家J.P.摩根（John Pierpont Morgan），这时期社会贫富差距加大，如何合理地分配富余资金就成为社会关注的焦点。这些富有的企业家和商人出于社会责任感或改变公司形象，又或者是提升社会地位等方面考虑，积极投身慈善事业，向博物馆等文化组织捐赠了大量的收藏和资金。

然而，也并不是所有富裕阶级的捐赠都是出于税收和经济的原因。如果大家读过马克斯·韦伯的《新教伦理与资本主义》，就会理解：当新教把任何职业都认为是可以荣耀上帝的时候，赚钱也是荣耀上帝的手段。那么在此逻辑下，赚到的财富就必须要捐出去，否则就成了别人唾弃的守财奴。来自"五月花"号的移民祖先奠定了美国的宗教倾向，因此，在美国这种"荣耀上帝"的捐赠，为捐赠人带来了极大的荣誉感和心灵满足感。

约翰·洛克菲勒说过："在研究富人的过程中，我发现只有一种花费财富能够实现真正价值的方式，那就是培养一种赠予的爱好，投身公益，造福社会，只有这样，才能得到长久的满足感。把钱捐赠给伟大事业带来的乐趣与满足远远超过赚钱带来的快乐。"②

---

① 陈永祥，窦莉梅，邵嘉晖.静物花卉拍卖的四个世纪 [J].中国拍卖，2012（11）.
② [美] 约翰·D.洛克菲勒.抓住每分钱：洛克菲勒自传 [M].徐建萍，译.天津：天津人民出版社，2017.

（三）建建建：像建商业街一样建博物馆

那么问题又来了，买来的或是接受捐赠的藏品越来越多，这些珍贵的东西放哪儿？怎么放呢？

仅有一座大都会艺术博物馆就足够了吗？当然不！纽约的文化眼界绝不仅是建一座世界知名的博物馆这样狭隘，而是打造世界知名的文化区，从骨子里带动整座城市文化事业的发展。因此，纽约的博物馆建设，没有停止于一座大都市艺术博物馆，而是迅速扩张，在一英里左右的距离里，就建了9座博物馆。

从城市文化功能区的角度，纽约的这9座博物馆在建造方面也独树一帜，没有像柏林把博物馆都建在一座岛上，也没有像东京把博物馆区建在城市公园里，**而是充分考虑到文化区与城市间的互动和有机碰撞，沿着商业最繁荣的第五大道，像建商业街一样把各大博物馆沿街放在两侧，形成了一英里博物馆版"商业街"**。这条博物馆版"商业街"的打造，从地段选取、展示形式、活动设定，可以说都遵循了成功商业街的打造原则。

1. 慎重选址：对于博物馆"商业街"的建设，"地段决定论"尤为重要

纽约把最贵的地皮给了博物馆。城市核心地段是稀缺资源，必须及时迅速地占领，因此，把"博物馆一英里"放在曼哈顿岛最值钱的上东区则顺理成章。但是，我们知道上东区居住着纽约最富有的人群，物价和房价达到巅峰，可谓寸土寸金，是什么原因让纽约人愿意贡献出这块宝地呢？原因很简单，上东区常被人诟病"空气中弥漫着旧钱的味道"，而这条"博物馆一英里"可以为这些为金钱披上了"品位"外衣，成为上东区最引以为傲的奢侈品。对于不差钱的上东区来说，何乐而不为呢？

要面子！纽约把最牛的东西都集中到了一起。很少有大都市将手中所有的重量级名片放在一起集中展示，而纽约却坚持要把"博物馆一英里"与第五大道、中央公园等重量级名片放在一起，强强联合，相互背书，足以显示出一个世界级大都会的自豪感。而这种世界级的文化区、商业区、生态区的组合也为纽约撑足了脸面。另外，这种选址落位，虽然是纽约的面子需要，同样也为人群上的有机互动带来了更大的便利。

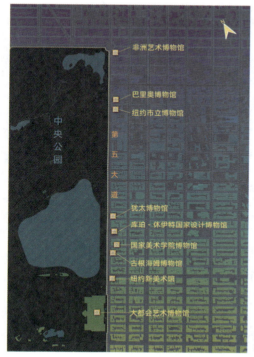

◀ 博物馆分布在第五大道两旁
（图片来源：华高莱斯制作）

2. 独特景观：打造博物馆"商业街"，就是打造一个城市的"形象工程"

展示面是商业街非常重要的"第一眼价值"，直接影响到商业街价值的高低。"博物馆一英里"的沿街两侧布局，与传统的博物馆聚集区相比，获得了更大的展示面，这为"博物馆一英里"创造了先天优势。接下来就是如何充分利用"商业街"的展示面优势，打造城市"形象工程"，成功吸引眼球。

包子有肉都在褶上，"博物馆一英里"邀请建筑大师坐镇，使博物馆建筑本身也成为珍藏品。这里的博物馆建筑，可谓各具特色。如纽约大都会艺术博物馆是新哥特式建筑，在建筑风格上并不突出，但其粗犷的气魄，大台阶、大廊柱、大拱券、大玻璃幕墙都充分体现了纽约人的富有与大气；由乔治亚风格豪宅改造的库珀·休伊特国立设计博物馆，虽然经常展示前沿设计与科技，但建筑充满了古典主义色彩，这里也曾是像《绯闻女孩》（*Gossip Girl*）

等影视剧的取景地；犹太博物馆附着文艺复兴的雕刻元素，也是哥特式建筑风格的经典代表。

"博物馆一英里"中，在建筑界最为有名的则是美国建筑大师弗兰克·劳埃德·赖特（Frank Lloyd Wright）所设计的——所罗门·古根海姆博物馆（Solomon R. Guggenheim Museum）。赖特曾说："这些所有都是一件东西，是一个整体，而非组件与组件堆砌而成。这是我一直以来努力实现的理念。"[①]而赖特所提到的"理念"，就是他在长达七十年的职业生涯中一直倡导的设计思想——有机建筑。赖特赋予建筑生命，使古根海姆博物馆成为世界建筑师们膜拜的对象，同时也成为"博物馆一英里"，甚至是纽约的建筑地标和文化符号。

3. 人气引擎：对于博物馆"商业街"，"聚人"是发展的核心动力

博物馆"商业街"不应该只是一个景点、景区，更应该是一个人气聚集的**城市休闲空间**。"博物馆一英里"身处光怪陆离的曼哈顿核心区，也带有多面性格。因此，虽然文化艺术在这里聚集，但并没有摆出一副高高在上的姿态，目前，"博物馆一英里"已成为纽约极具吸引力的"新的城市文化广场"。主题狂欢、慈善晚宴、时装秀等各类活动在各大博物馆轮番上演，"博物馆一英里"已经成为纽约这座"欲望都市"的一股永久血液。

首先，她是品位的象征，是时尚界盛会的举办地。 每年 5 月初的大都会艺术博物馆都会举办慈善舞会，被称作"时尚界的奥斯卡"。在这一天，身份高贵的名媛、好莱坞的超级巨星、体育界的佼佼者、时装界的巨头都聚集在此，拿出自己最隆重的装备加入这场华丽的盛会。票价也是一年高过一年，曾一度达到 25 000 美元一张入场券，目的是让晚宴的门槛更高。[②]

其次，她也是纽约文化艺术的启蒙，汇聚纽约市民和游客，让普通人也能轻易接触到令人难以置信的纽约艺术财富。 从 1978 年 6 月"博物馆一英里"

---

① Ashley Mendelsohn：《赖特设计的古根海姆博物馆——过去 58 年的演变历程》，罗靖琳，译．ArchDaily 网站，https://www.archdaily.cn/cn/878174/fu-lan-ke-star-lao-ai-de-star-lai-te-suo-she-ji-de-gu-gen-hai-mu-bo-wu-guan-58nian-lai-de-yan-bian-li-cheng，2017-08-23．

② 北流生活网站：《纽约大都会艺术博物馆慈善舞会 - 时尚界最隆重的晚会》，http://beiliu.gxorg.com/shishang/2018/0514/8212.html，2018-05-14．

▲ 纽约古根海姆博物馆（图片来源：全景网）

举办了第一届音乐节获得巨大成功开始，这里每年强强联合第五大道上的博物馆，在延长的傍晚时段，为公众提供免费入场券，欣赏世界上最好的艺术藏品。这项活动将不同的纽约人聚集在一起，共同为城市的文化而自豪。"博物馆一英里节"当天第五大道上东区指定路段禁止机动车通行，沿街有很多艺术表演和街头杂耍，小朋友们甚至可以以大街为画布，用彩色粉笔画出自己喜欢的图画，成了孩子们接受艺术启蒙和玩耍的天堂。

纽约"博物馆一英里"遵循商业街逻辑，已经成为集文化、经济、活力为一体的都市品牌，并逐渐与其他文化相融合，真正促进纽约成为引领世界文化的风向标。

三、他山之石，"年轻"大都市的榜样

"博物馆一英里"展现了纽约从"文化自卑"走向"文化引领"的逆袭之路，

可见对于历史短暂、缺少文化根基的"年轻"大都市，也可以通过财富的积累、制度的完善及合理的文化设施组合，从头开始，构建文化帝国。

中国有北京、西安、南京、杭州这样自身历史文化底蕴丰厚的城市，但也有年轻的"移民大都市"——上海、深圳都可以算是典型的代表。对于这些年轻的"移民大都市"而言，在打造都市文博区中，纽约"博物馆一英里"的发展非常有借鉴价值。

首先，这种不求本土、瞄准世界文化艺术的方式，不仅适合没有太长历史的年轻大都市，更是对中国博物馆类型的重要补充！这是一种"不仅让世界看到中国，还让中国看到世界"的大国文化胸怀。其次，像上海、深圳这样的移民大都市也是最具有商业精神的城市，因此完全可以充分利用自身的金融、科技、物流等优势，打造一条博物馆式的"商业街"，以一种创新的形式丰富中国文博区的发展。

最重要的学习，则是在这些中国年轻的大都市中用心地去寻找和培育一批高修养与高品位的世界文化艺术藏品"买手"，摸索出适合中国的文化捐赠制度。由此，让中国收藏品位更加与世界接轨，让中国的大都市文博区更加具有国际视野。

▲ 法兰克福河岸博物馆区（图片来源：华高莱斯拍摄）

财富之城的文化生意经——法兰克福河岸博物馆区

文｜简　菁　项目经理

一、艺术区：财富之城最闪耀的艺术名片

缺什么就补什么的欲望都市纽约，用新贵族口袋里的金子，"砸"出了一个让世界都为之一震的"全球艺术中心"——大都会艺术博物馆区。艺术便成为这个满地黄金的新贵之城最熠熠生辉的标签。纽约如此，法兰克福也是如此。

欧洲大地上的新贵之城，当然非法兰克福莫属。对于从未到过此地的人来说，"欧洲金融中心"的名号想必早已如雷贯耳。400多家国际银行、770多家保险公司、欧洲中央银行总部……印证了她"财富之城"的地位。[①] 而真正走入这座河畔城市，感叹欧洲天际线的华丽雄伟之余，人们却更容易被她的艺术气质所吸引。各色博物馆林立在莱茵河畔，艺术画廊点缀其间，中世纪的罗马广场与哥特式的法兰克福大教堂交相辉映，实乃当代艺术与古典文化的精彩碰撞。

这片位于莱茵河爱塞尔纳铁桥（Eiserner Steg）与和平桥（Friedensbrücke）之间的区域，正是法兰克福的艺术与文化区（Kunst-und Kulturmeile Frankfurt），德国乃至欧洲最重要的博物馆景区所在地之一——河岸博物馆区（Museumsufer）。这里聚集了十三座主题各异的博物馆，其中包括以当代艺术见长的施塔德尔博物馆、现代艺术博物馆，以古典文化为核心的古代雕塑品博物馆、圣像博物馆，以法兰克福历史为专题的犹太人博物馆、法兰克福历史博物馆，以及各类专题博物馆，如建筑博物馆、电影博物馆、法兰克福通讯博物馆、应用技术博物馆等。如此高密度且种类繁多的博物馆集群，让德国乃至整个欧洲的艺术家与爱好者纷至沓来，河岸博物馆区成为法兰克福最闪耀的艺术名片。

法兰克福从公元8世纪开始，便是一个商贾富庶之地，河岸博物馆区能够有今日的精彩夺目，自然也离不开这座城市浓厚的商业底蕴。如果说金融区是

---

① 程元方,李福军.德国中资商业银行业务发展现状与对策[J].银行家,2017（8）.

商业精英们驰骋的战场,那么河岸博物馆区就是他们艺术情怀的最佳归属地。如果说金融区是法兰克福这个"商贾世家"之中八面驶风、生财有道的"大少爷",那么河岸博物馆区自然就是这一家之中才情出众,八面玲珑的"二小姐"。二者出自一家,"二小姐"也自有一个生意算盘,盘算出这一方天地中的"文化生意经"。

可以说,河岸博物馆区的建立直接促进了法兰克福的艺术品交易。德国艺术品交易的三大中心分别为柏林、慕尼黑和莱茵地区,莱茵地区的交易中心当属法兰克福。法兰克福的 30 余家画廊早在 1984 年就联手成立了"法兰克福画廊协会",制定了画廊展览运作和与艺术家互动的各类标准,保证艺术品交易能够得到最权威的艺术咨询并保证艺术品交易的质量。现代艺术博物馆、锡恩美术馆与施塔德尔博物馆与画廊共享展览空间,共促法兰克福的艺术品交易。河岸博物馆区与画廊共同形成的良性艺术互动,让艺术在法兰克福成了一门有产出的好生意。

创造了财富奇迹的城市,往往都有着为自己造一张文化名片的打算,其中的途径各不相同。一是如纽约,花重金打造,看似挥霍却因着"钱多"而卓有成效;二是如法兰克福,借着河岸博物馆区的由头,将文化艺术做成一门生意,有投入亦有产出,造出了一张享誉欧洲的艺术文化名片。

当下,我国的新一线城市如郑州、武汉、重庆、成都等纷纷崛起,这些城市应当探索如何在经济奇迹之外创造一个文化艺术的奇迹,更当仔细揣摩法兰克福河岸博物馆区的这一本文化生意经。

二、文化艺术:财商高人的好生意

谈及河岸博物馆区的由来,还得从"二战"时期谈起。"二战"期间,法兰克福 80% 的城市建筑被毁。能够彰显法兰克福文化气质的文化标签,诸如歌德故居、罗马广场等历史建筑悉数毁于战火。"二战"后的法兰克福,把发展经济作为头等大事。在重建过程中,法兰克福将自身定位为欧洲金融中心,在金融业的带动下,整个城市现代化工业、会展业等快速起飞,创造了一个又一个财富奇迹。而此时的法兰克福,却陷入了文化匮乏的困顿之中。为此,20 世

▲ 莱茵河畔主题各异的博物馆（图片来源：华高莱斯拍摄）

纪 80 年代，时任法兰克福文化事业部负责人，同时，也是法兰克福知名电影艺术家的希尔玛·霍夫曼（Hilmar Hoffman），致力于推动法兰克福文化之城的建设。河岸博物馆区就是在这样的时代背景下建立起来的。[①]

或许此刻你会疑惑，这明明是政府推动的文化建设，何来"好生意"一说？其实，从艺术品交易市场的链条来看，画廊、拍卖行才是艺术品的最终交易场所，博物馆并不在艺术品交易的产业链条之中。但不可忽视的是，河岸博物馆区深深影响着艺术品的交易环境。要了解河岸博物馆区的这门好生意，就必须讲讲博物馆背后那一群精明的法兰克福商人。

1. 是商人，也是慈善家

谈及整个河岸博物馆区的发展历程和特点，可以说是法兰克福社会各界商

[①] 法兰克福河岸博物馆区官网：https://www.museumsufer.de/en/about-museumsufer-frankfurt/about-museumsufer-frankfurt-history/.

业精英的积极参与促成了河岸博物馆区的最终成型。施塔德尔博物馆就是其中最为典型的由"商人捐献、基金会管理"从而成型的艺术博物馆。

施塔德尔博物馆建馆距今已经有超过两百年的历史，得名于法兰克福著名银行家约翰·菲力特立赫·施塔德尔（Johann Friedrich Steadel，1728—1816）。他是法兰克福19世纪下半叶著名的银行家。由于雄厚的资金支撑作为艺术品收藏的基础，以及对艺术浓厚的兴趣，施塔德尔先生在生前收藏了大量欧洲各地的艺术古董，主要包括油画和钱币。这些当年的藏品现在依然可以在博物馆的艺术古董馆区参观到。在施塔德尔去世之后，他把生前收藏的所有艺术品捐献给了法兰克福，这些艺术品的管理任务就落到了以他的名字命名和建立的艺术文化基金会——施塔德尔艺术文化基金会上，该基金会成立于1815年，成为德国历史上第一个以艺术文化为名号的慈善基金会。①

施塔德尔先生希望通过此举影响和推动更多的有钱人投资艺术品，支持有发展潜力的欧洲年轻艺术家，发扬"保护收藏古代艺术珍品是我们每个公民应该尽到的责任"的博物馆的建设初衷。他的这种收藏及捐赠的姿态在当时社会上产生了莫大的影响。施塔德尔先生的捐献行为将个人的物质财富转化为精神财富，开启了法兰克福"商人捐献、基金会管理"的博物馆发展模式。这种模式也从艺术界拓展到了科学界，1817年，沙根堡自然研究协会成立，并在此基础上建立起了至今都备受法兰克福市民欢迎的沙根堡自然博物馆。商人捐献艺术品、成立基金会支持艺术发展的慈善之风一直延续至今。吉尔施博物馆就是河岸博物馆区商人捐赠建设博物馆的新案例。吉尔施博物馆由企业家同时也是参议员的吉尔施夫妇投资建设，统一由吉尔施基金会管理，如今是歌德大学的一部分。

法兰克福的商人们就这样在促进城市艺术发展的进程中，摇身一变成为一个个艺术慈善家。

2．是慈善家，更是投资人

目前，在河岸博物馆区运营的各座博物馆，其背后都有着相对应的基金会

---

① 肖潇.专访德国法兰克福斯丹特艺术博物馆［J］.创意与设计，2014（33）.

或协会发挥着管理和资金支持的重要作用。可以说，这些基金会与协会的成员们不仅仅是为艺术捐赠的慈善家，并具有积极参与的态度，也让他们成为一群成功的艺术投资人。

以河岸博物馆区的现代艺术博物馆（Museum für Moderne Kunst）为例，就有 MMK 基金会、MMK 之友协会、MMK 收藏家俱乐部等不同的组织推动慈善家参与到博物馆的捐赠和建设中。

MMK 基金会作为现代艺术博物馆中非营利的慈善机构，通过接受私人的捐赠，从而支撑博物馆进行艺术展览、艺术教育并实现博物馆扩张等。2014年，在法兰克福金融区新开业的现代博物馆分支机构 MMK2，在没有公共资金的支持下，依赖 MMK 基金会的私人捐赠最终建设成功。这让慈善家们为博物馆的扩张开创了一种可持续发展的经济模式，可以说，MMK 基金的捐献者是法兰克福广义层面的艺术投资人。

◀ 现代艺术博物馆
（图片来源：华高莱斯拍摄）

MMK 之友是为博物馆召集私人捐献者的艺术协会，使个人能够以付费的方式成为博物馆会员。博物馆则为会员提供定制服务，广泛培养有艺术鉴赏能力的个人，让会员能够免费参观、提前预览展览等；同时也让个人能够通过每月定期的晚宴、短途旅行等活动与其他的艺术爱好者、策展人、艺术家和文化工作者形成直接的交流。他们中的一部分将成为最直接参与艺术品交易的投资人。①

MMK 收藏家俱乐部则着眼于"培养"真正能够参与艺术品交易的投资人的组织。私人或赞助商都可以通过三年内向俱乐部支付 3 万欧元的形式成为俱乐部成员，而所有的资金都将用于为现代艺术博物馆购入新的当代艺术作品。博物馆与收藏家俱乐部收购的所有作品均与各自的赞助商和个人联合命名。同样，所有参与者将在博物馆网站上按名称单独列出，并在必要时在新闻稿中列出。②

那么这样的一群商业精英是如何发挥他们艺术品投资人的角色的呢？在德国，被捐赠到或购入博物馆或其他公共设施机构的艺术品是不允许从这些捐赠接受机构再次出卖的，所以博物馆并不属于艺术品交易市场。博物馆只是艺术品买卖市场中的周围环境，它们不属于艺术品买卖市场，但是它们与市场有着相互促进和影响的关系。在博物馆里没有直接的金钱交易，但是它为某位艺术家及其作品起到了不可忽视的宣传作用，从而提高了同位艺术家的其他作品在艺术买卖市场上的价值。艺术品一旦在博物馆里被展出，不难想象，自然会掀起来自社会对此事的评论与关注。这种信息可以有效提高艺术家的其他作品在市场上的点评率及需求量，刺激了其他投资人对此艺术家作品的占有欲。原理上就像股票市场，投资人都希望买到具有上升潜力的发展股。作为博物馆基金会或收藏家俱乐部中的一员，投资人可以通过推动某位艺术家的艺术品展出，从而实现投资与回报的最终平衡。③

---

① 法兰克福现代艺术博古馆官网．
② 法兰克福现代艺术博古馆官网．
③ 肖潇：《透视德国博物馆捐赠的背后——一件文艺复兴作品的捐赠故事》，新浪收藏网，http://collection.sina.com.cn/hwdt/20110823/144236287.shtml．

要形成完整的艺术品交易链条，画廊也是不可缺少的一环。河岸博物馆区，尤其是现代艺术博物馆周围，密集分布着各类画廊。博物馆是艺术品的展览空间，画廊则是艺术品的购买和销售空间。艺术品投资人可以通过艺术品捐赠，而为其他剩余的同类艺术品创造一个买卖市场上（画廊、拍卖行）价值的高潮。同时，德国的"艺术品长期外借"这一措施也可以达到增加艺术品的公众热点评论，从而提升艺术品价值的效果。投资人作为借出方和对他所收藏的这件艺术品有兴趣的博物馆签订合约，共同约定借出时间，展出场合和展览题目。在展览结束之后（德国的大型艺术展览时间期限一般在三个月至半年），投资人便可以从博物馆中取回自己所借出的艺术收藏品。收回后的艺术品再通过画廊、拍卖行等最终渠道进行销售，形成完整的艺术品交易链条。①

积极参与博物馆建设和艺术品收藏的法兰克福慈善家们，用发展的眼光看待博物馆和艺术品的价值，在发挥博物馆文化价值的同时，促使艺术品发挥了最大的经济效益，成为推动博物馆的扩张和艺术品交易的最佳投资人。

3. 是投资人，才是好馆长

驰骋于河岸博物馆区的商业精英，不仅以投资的眼光看待艺术品，更以投资的眼光看待博物馆的运营、管理和发展。毫不夸张地说，成为一个好的投资人，才能成为一个好的博物馆馆长。曾经兼任施塔德尔博物馆、古代雕塑品博物馆、锡恩美术馆三馆馆长的马克思·霍莱恩（Max Hollein）就是这样的存在。他以投资人的姿态游走于商业与艺术之间，以"将法兰克福从一个单纯意义上的金融中心转变为具备国际视野的世界文化中心"作为自身的终极目标，并最终实现了这一目标。具体而言：

首先，作为一个好馆长必须以投资人的眼光看待艺术作品。在 2016 年策划的一次展览中，他将目光聚焦到了已故德国艺术家马克思·贝克曼在美国去世前创作的折叠式三联画中，出于对国际艺术品市场的了解和把握，形成了别具一格的展览风格，最终让为期三个月的贝克曼特展吸引了 9.5 万名参观者。②

---

① 肖潇：《透视德国博物馆捐赠的背后——一件文艺复兴作品的捐赠故事》，新浪收藏网，http://collection.sina.com.cn/hwdt/20110823/144236287.shtml.

② 第一财经日报：《重建法兰克福文化地图》，谭薇，编译，2012-02-27，第 C03 版.

其次，好馆长还要用投资人的态度对待合作伙伴。在寻求社会对博物馆的捐赠时，他从不避讳对"钱"的重视，也不把"钱"分为三六九等。他认为，如果能够号召所有的社会力量，如私人参与、企业赞助和社区支持等进入博物馆建设中，博物馆必然是一番大事业。他将每个博物馆捐献者都视作具有发展潜力的对象，如若有银行为博物馆捐献了 20 万欧元，他会告诉银行，这不过只是一个开头。之后，他必将最大限度地挖掘各个捐赠者对博物馆的贡献之处。①

最后，作为需要为博物馆谋求长久之计的好馆长，还必须时刻以投资人的意识来促进博物馆发展。在施塔德尔博物馆的 2012 年的扩建过程中，他以一己之力争取到了来自德意志银行及德意志中央合作银行约 800 件重量级的艺术品，并获得永久贷款。博物馆的扩建不再是依赖公共资金资助的公共设施建设，而是可以与商界相互合作的商业投资。②

2012 年，施塔德尔博物馆的扩建斥资了约 5 200 万欧元，正是这位处处以"投资人"自居的博物馆长，让其中一半的资金来自私人的捐赠。③由于他对博物馆的出色运营，2018 年 4 月，马克思·霍莱恩成功受聘纽约大都会艺术博物馆，成为那里的第十任博物馆主任。

三、好生意也要有一个好的艺术氛围营造者

要将文化艺术真正做成一门法兰克福的生意，除要有博物馆作为艺术品展览空间、画廊作为艺术品交易空间外，更应该有一群知道如何品鉴艺术品的消费者，要有一种人人爱艺术、懂艺术的市场氛围。如若不然，难免让文化艺术这个生意只成为商人之间的小打小闹，让文化艺术能够发光发热的机会也变得十分有限。消费者的培育、市场氛围的形成需要有一股强力做支撑，那当然就是政府。法兰克福为促进市内的文化艺术发展，成立了法兰克福文化办公室。文化办公室对法兰克福艺术空间营造和艺术氛围营造都发挥了十分显著的作用。

---

① 第一财经日报：《重建法兰克福文化地图》，谭薇，编译，2012-02-27，第 C03 版．
② 第一财经日报：《重建法兰克福文化地图》，谭薇，编译，2012-02-27，第 C03 版．
③ 郑红．法兰克福的文化气质［N］．人民日报，2012-04-13，第 022 版．

1. 免费看的文化艺术

在法兰克福,要感受到艺术作品的熏陶,不仅仅有参观博物馆和各类展览一种途径。法兰克福文化办公室在城市的公共空间打造出 550 个能够让市民全天候访问的公共艺术作品,用以彰显法兰克福的艺术文化和城市特点。如中世纪的十字架、法兰克福著名诗人、思想家歌德的青铜塑像、20 世纪 50 年代成型的 14 米高灯光装置、涂鸦艺术玻璃及代表"新法兰克福学派"特点的奇异雕塑,每一件都在诉说法兰克福从古至今的文化艺术历程。这一举措更是吸引了越来越多的当代艺术家参与公共艺术空间的打造。2014—2017 年,就先后有五位艺术家的作品在法兰克福的公共空间落地。公共艺术空间的建设也如法兰克福的博物馆等建设,也有多方力量的参与。在数量如此众多的艺术作品中,约有 300 件作品是银行、保险公司、房地产公司及私人的私有财产。[1]

正是这样的公共艺术氛围,让整个城市成为一个大型的艺术品博物馆,对法兰克福市民形成最直接的艺术教育,提升了城市的整体艺术氛围。

2. 畅快玩的博物馆节庆

在每年 8 月最后一个周末的三天,河岸博物馆节如期召开,200 万名游客蜂拥而至,河岸博物馆区迎来了一年之中最热闹非凡的景象。[2] 河岸博物馆区两岸约八千米的线性空间成为一个大型的艺术文化的共享空间。游客们可以沿河参观丰富多彩的博物馆,这段时间内河岸两边更有丰富多彩的舞台演出,为参与者提供了一场文化与艺术的盛宴。绚烂的烟火打造出魅力夜色,艺术协会在此地举办展览,古典音乐此起彼伏,儿童们也找到了冒险与艺术畅想能够完美结合的小天地。作为世界银行界出色的收藏家的德意志银行与德国中央合作银行,都将在此期间内开放展览,对于艺术爱好者确是一大福音。法兰克福文化办公室主导下的河岸博物馆节,倾其所能地将法兰克福所有文化与艺术标签在最短的时间内做出最丰富的诠释,艺术和文化不仅是被关在博物馆里的,更是能够融入城市生活的。在商业精英与政府的共同努力下,河岸博物馆区成为一个人人能参与、处处皆艺术的文化空间,"投资人"玩转艺术生意,艺术爱好者

---

[1] 法兰克福文化办公室官网:https://www.kultur-frankfurt.de/portal/de/Home/Start/0/0/0/0/1159.aspx.
[2] 法兰克福文化办公室官网:https://www.kultur-frankfurt.de/portal/de/Home/Start/0/0/0/0/1159.aspx.

畅享艺术盛宴。商业精神流淌在河岸博物馆区的每一位捐献人、管理人、参观人身上，商业之道更是运用到了推动城市文化发展的方方面面。

因此，艺术并非与生意绝缘，对于法兰克福而言，做好艺术这门生意反而成为塑造城市艺术气质、培养"会欣赏，懂买卖"的文化公民、打造城市闪耀名片的最佳方式。

不容小觑的是，做好这门生意也并非易事。一是要形成良好的城市艺术氛围，让整个城市成为文化生意的最佳容器；二是要鼓励从个人到团体积极参与博物馆等艺术文化设施的建设，无论付出大小，都能够成为促进城市文化发展的一分子；三是推动投资人、博物馆、画廊等主体能够促进良性互动的艺术品交易市场的形成。最终，文化艺术融入城市、融入生活，不仅是闪耀的名片，更是一门稳赚不赔的好生意。

▲ 墨尔本亚拉河南岸艺术区俯瞰（左下角）（图片来源：全景网）

活色生香的艺术殿堂——墨尔本亚拉河南岸艺术区

文 | 杜 玮 董事总监

墨尔本是全球知名的澳大利亚文化之都，其潮流文化享誉世界。

墨尔本是最年轻的全球都会之一，一个半世纪以前它几乎还是文明的荒漠。

这看起来似乎是一个悖论。在前几个篇章中，城市皆因"有所传承"而筑起文化的殿堂，因"殿堂"的开放让文化艺术深入潮流大众之中。即使是纽约这样的新贵城市，也是先凭借巨额的财富收集起全球文化的瑰宝、筑起代表世界文明的第五大道，后成为吸引市民和游客的文化圣地。

从庙堂之高到江湖之远，文化的传承往往是自上而下的：对于大多数人而言，高雅的艺术、橱窗中的展览可能只是酒足饭饱后游离于生活边缘的阳春白雪。这也就不难理解，当城市作为文化传承的最直接载体，通常也是先有"对文化的供奉"，后有"对民众的熏陶"——重量级的文化区往往是先完成文化积淀与博物馆群建设的珠联璧合，再慢慢渗透其对城市和民众的影响力。纵然艺术源于生活，但城市需要先塑起高高的"文化殿堂"，再反向吸引、影响生活于其中的芸芸众生。

然而，不是所有的城市都有足够的资本和底蕴完成文化殿堂的自我塑造。如墨尔本——一个在1835年以前几乎没有人居住，19世纪中叶才随着金矿的发现而吸引世界各地淘金人的"新金山"。

没有传说古迹、少有名人轶事、外来的移民、舶来的文化及从建市初始便带着的江湖气……对于墨尔本而言，实现自上而下的文化传承需要漫长的积淀。但百余年之后，墨尔本不仅成为"艺术之都"，甚至文化艺术于它的意义早已超越文化传承和教化民众本身：在墨尔本亚拉河南岸，有一片占地64公顷，与城市CBD隔河相望，集聚着众多博物院、展馆、文化机构，吸引全球艺术家和游客的"艺术区（Art Precinct）"。据2014年发布的《墨尔本艺术区蓝图》统计，艺术与文化对亚拉河南岸的经济贡献高达114亿澳元，如今，文化艺术早已融入城市发展，成为城市区域振兴、经济发展的引擎。[1]

墨尔本文化与艺术的发展，走的是一条自下而上、从"江湖"到"殿堂"的自我救赎之路。墨尔本亚拉河南岸艺术区是一个从城市中来，与整个墨尔本甚至与整个世界互动的结果。

一、曲高和寡，吾自入江湖——南岸三里撰繁华

20世纪中叶后，如今"艺术区"所在的亚拉河南岸（Southbank Yarra）仍是城市工业区，区域内已经出现了艺术的萌芽。1956年，墨尔本依托奥运盛事举办了"奥林匹克艺术节"，南岸的皇家植物园举办了盛大的音乐会演出；1964年，州政府在该片区内规划了"公共艺术走廊"；四年后，维多利亚国家美术馆（National Gallery of Victoria，以下称NGV）建成；1984年，墨尔本艺术中心（原名Victorian Arts Centre，后扩建为Arts Centre Melbourne，以下称ACM）历经十余年的建设竣工。

尽管NGV是澳大利亚最大的博物馆，建筑本身也足够华丽宏伟——拥有世界上最大的悬挂彩色玻璃天花板之一；而ACM同样是维多利亚州最大的市政工程之一——包含大型的音乐厅和剧院，其大型钢铁尖顶亦是亚拉河南岸的重要地标；但这两座"艺术殿堂"的出现除为未来南岸的城市更新和"艺术区"的聚集划定了"锚点"外，对亚拉河南岸的影响几乎微乎其微。[2]没有足够的人气，美术馆和艺术中心在南岸门庭冷落、曲高和寡。

转机出现在20世纪90年代，随着墨尔本去工业化进程的加速、大量工业厂房的迁出，亚拉河南岸制订了雄心勃勃的振兴计划；1992年，政府撤销了对滨水区规划的管制，南岸吸引了众多以商业驱动的公共及私人投资。[3]虽然在振兴计划

---

[1] Future Melbourne Committee: *MELBOURNE ARTS PRECINTC BLUEPRINT*, https://www.melbourne.vic.gov.au/about-council/committees-meetings/meeting-archive/MeetingAgendaItemAttachments/639/11308/Agenda%20Item%206.2%20Melbourne%20Arts%20Precinct%20Blueprint.pdf.

[2] Department of Sustainability and Environment: *Southbank Plan*, https://www.melbourne.vic.gov.au/SiteCollectionDocuments/southbank-plan-2007.pdf.

[3] 昆廷·史蒂文斯，郝赤彪，张淑尚，等.城市滨水区设计——澳大利亚两城市"南岸区"的评介[J].青岛理工大学学报，2008，29（2）.

最初,"文化中心、卓越的艺术氛围"便是该区域发展的关键目标之一,但细数 20 世纪 90 年代南岸的工程,最大手笔的是 1990 年建设的滨水商业、办公走廊"南岸长廊(Southbank Promenade)",以及在滨水走廊东西两侧分别建立的"南门商业综合体(South Gate)""墨尔本会议展览中心(Melbourne Convention and Exhibition Centre)"和"皇冠娱乐城(Crown Melbourne)"——它们不仅不是博物馆、剧院、艺术中心等文化设施,甚至连墨尔本会议展览中心,都是将建设中的"墨尔本博物馆"叫停并在其基础上改建而来的。①

这些大手笔工程共同构成了一条包括会展、餐饮、休闲、住宿、办公的滨水娱乐轴,把亚拉河南岸变为人来人往的繁华娱乐中心和国际旅游目的地。它们看似与无关艺术,实则桩桩件件都与艺术相关:毕竟,人是艺术的起点和终点,也是传播艺术最好的媒介;有了来自全球的流量,也就让曲高和寡的艺术有了源泉、土壤和听众。

▲ 繁华的亚拉河南岸长廊(图片来源:全景网)

---

① Southbank, https://shawfactor.com/gazetteer/victoria/southbank/.

但这绝不仅仅是艺术绑定娱乐中心，借他人人气的简单故事。在娱乐中心兴起的同时，艺术也主动走入"江湖繁华"之中，用自身的影响力定义了娱乐中心的美学氛围和艺术格调。

首先，用空间表达艺术之美。

亚拉河南岸通过"空间营造"进行"场所营销"。从墨尔本 CBD 远观亚拉河南岸，是由楼宇和滨水空间构成的充满后现代美学特色的城市界面与天际线；穿过被誉为"基础设施艺术"的半弧形"埃文沃克步行桥（Evan Walker Bridge）"，便可以从最宜人的角度，感受经过精心规划设计，将建筑、水岸、广场、小径联系在一起的现代滨水公共空间。

如果说桥梁的设计和南岸整体的现代之美，是在"绝对距离"足够近的前提下，用空间设计隔离出了充满艺术氛围的"相对距离"，营造出城市空间连绵的"艺术乐章"；那么在南岸设置的一系列艺术节点，就是让艺术乐章起承转合的"重音"——"奔跑的女孩（Running Girl）""守护者（The Guardians）"等一系列的公共艺术不断地植入、更新，将娱乐轴线也串联为引人眼球的艺术走廊。

其次，用活动传达艺术之韵。

文化艺术的渗透并未止步于让"灯红酒绿"的娱乐场所披上艺术的外壳，艺术活动从最初也植入进南岸的娱乐功能之中。在南门商业综合体旁边的圣约翰教堂（St.John's Lutheran）在 1991 年建成之后便有定期的音乐会演出；皇冠娱乐城内也设有剧院，丰富多彩的艺术表演在这里上演；在墨尔本会议展览中心，来自世界的美学、音乐等多种文化艺术主题的展出和活动在这里举行；甚至南岸的滨水走廊本身也成为表演艺术节等天然的户外活动空间……艺术活动几乎介入"娱乐轴"每一个重点项目和人气空间之中，真正成为娱乐中心功能的一部分。

▲ 埃文沃克步行桥（图片来源：华高莱斯拍摄）

二、吾既入江湖，世人亦向我——步步楼阁开闾阖

随着南岸滨水娱乐轴的兴起，艺术在深入"江湖"的同时，也在垂直于亚拉河的斯特尔特街（Sturt Street）加速构筑属于自己的"殿堂"。20世纪90年代后期，墨尔本艺术中心进行了扩建，莫尔特豪斯剧院（Malthouse Theatre）、磐城礼堂（Iwaki Auditorium）等系列艺术场所建成；进入21世纪，维多利亚国家博物馆进行了新的开发建设，澳大利亚当代艺术中心（Australian Centre for Contemporary Art）正式开放，澳大利亚享誉盛名的艺术机构维多利亚艺术学院（Victorian College of Arts）与墨尔本大学合并，墨尔本演奏中心（Melbourne Retical Center）建成开放……

一条真正的艺术"脊柱"在集聚形成。由线及面，以斯特尔特街（Sturt Street）为轴的艺术区（Art Precinct）在2014年完成了最新的蓝图规划之时，这个面积相当于 4 个天安门广场大小的区域已成为聚集了 9 家公共艺术中心和 11 家文化艺术相关的教育管理机构的艺术集群。

艺术区通过集群的力量弥补了墨尔本世界级文化遗产缺失的弱势，虽没有艺术皇冠上最为耀眼的明珠，但"艺术场所、组织以及教育机构的聚集，让艺术区碰撞出巨大的灵感和创意的能量"。① 在其内生的创造性之余，"艺术集群"的魔力也在于它依托南岸娱乐中心的吸引力，与人流对话互动、产生化学反应，在"看到他们的人"的同时成功"留住他们的心"，成为真正具有生命力的艺术群落。

◀ 南岸艺术区墨尔本艺术中心
（图片来源：全景网）

---

① Future Melbourne Committee: *MELBOURNE ARTS PRECINTC BLUEPRINT*, https://www.melbourne.vic.gov.au/about-council/committees-meetings/meeting-archive/MeetingAgendaItemAttachments/639/11308/Agenda%20Item%206.2%20Melbourne%20Arts%20Precinct%20Blueprint.pdf.

这样的艺术群落，远不止于艺术场所的简单堆砌，它的能量和魔力是通过把"多样性"和"互动性"最大化而实现的。

首先，艺术形式足够多元。

从展示来自全球上下千年展品的国家级展馆，到多种特定主题、间歇性更新的小型陈展；从室内室外的音乐会、歌剧、交响乐、芭蕾演出，再到走上街头的艺术表演；从针对中学生的艺术教育机构，再到涵盖影视、音乐、动画、舞蹈等的高等艺术学府……艺术区把触角细分到了每一个门类领域之中，通过多元的艺术群落，让想看艺术的游客和民众、想表达艺术的艺术家、想学习艺术的专业人士和年轻人，都可以找到最理想的去处。

其次，最大化艺术与人的互动。

在找到所有人"与艺术建立关系的可能方式"之后，"江湖之中"的艺术群落进一步打开大门，成为人流与艺术充分的交流互动的平台。

与全球艺术家互动：墨尔本当代艺术博物馆展示着来自世界各地在世艺术家最新和最重要的艺术作品，并委托本土及全球艺术家进行新的艺术创作，是澳大利亚唯一聚焦于"委托"而非"收集"的大型公共展馆；墨尔本艺术中心和演奏中心等机构，也在持续邀请本地和国际艺术家举办不同主题的沙龙、论坛。

与全球游客互动：艺术区对于游客的吸引力不止于多样的展馆和演出，多个艺术及机构都会设立"艺术导览"项目，让游客真正了解艺术的"幕后故事"——墨尔本演奏中心通过一小时的导览活动，向游客讲述其音乐大厅内设计的奥妙；墨尔本艺术中心则通过"后台导览"活动，让游客亲身体验后台隐藏的通道和技术装置、围观后台著名的导演和演员、聆听幕后的故事。

与居民和孩子互动：艺术区多个机构通过设置"社区计划"或"儿童计划"，让艺术走进当地居民和儿童的生活之中。如维多利亚国家美术馆设置了多个针对不同年龄段孩子的"周末工作坊"，为孩子们提供了解、学习艺术的课外小课堂；与之类似，墨尔本艺术中心开设了针对全家庭的喜剧课堂、魔术工作室、摇滚歌星、海报制作等活动，用艺术丰富着当地居民的生活。

与艺术学子互动：艺术区不仅拥有艺术教育的学府，其中的博物馆、剧院更是为学子提供了学习和实践的舞台。维多利亚国家美术馆制定了面向所有学校开放的"教育计划",结合展览、观众的新需求,通过讲座、研习会、讨论会等形式,加深学生的思考维度和交流技巧;当代艺术博物馆,为学生和年轻艺术家开设了"预演工作室",供他们学习和表演;墨尔本演奏中心则开设了"大师课堂",邀请世界级音乐大师举行付费沙龙,为年轻艺术家提供了对话、探索艺术之美的平台。

与艺术企业互动:艺术机构与企业的广泛合作,成为多项艺术演出、活动顺利推进的保障。如墨尔本艺术中心与大大小小的艺术公司和演出伙伴达成合作,以确保诸如教育类、社区类及面向大众的各项艺术活动和项目得以顺利举办。这样艺术机构通过为艺术家、企业、大众搭建窗口和平台,一举多得地加速了艺术的传播和艺术产业的兴起。

人与人的跨界互动:在艺术区,不只有针对特定人群的交流项目,艺术与人的互动也是跨界、跨圈层的。墨尔本艺术中心草坪上的"周末集市",也是当地艺术家、手工艺者会展示他们独具创意的工艺、绘画、摄影等作品的展台,游客和居民聚集在这里,与创作者们面对面交流;维多利亚艺术学院每个学年结束时,有成千上万的人进入校园,围观这些未来艺术之星的音乐、舞蹈、电影、话剧……通过跨圈层的交流,艺术区拥有了创造和传播艺术的"源头"与"活水",新鲜的艺术灵感在这里持续地碰撞发酵。

三、世人已向我,以艺泽众生——参差十万筑人家

至此,就艺术区本身而言,亚拉河南岸艺术区已足够成功——艺术需要与人联系,南岸艺术区恰恰借势商业娱乐的崛起,成功吸引游客、市民、艺术家、学子们,并与他们广泛互动、彼此影响、彼此塑造,成为极具生命力的艺术集群。

艺术对于南岸的影响远不止于此,如前文所言,艺术已经成为亚拉河南岸的经济引擎。各类文化机构的聚集吸引着澳大利亚顶级表演艺术公司、创意工作室、3D制作等企业的聚集;2019年,南岸区约有5%的雇

员从事艺术与娱乐服务业。①

诚然，艺术集群无疑是集聚艺术企业的源头牵引力，但南岸艺术产业的持续发展，更需要把艺术的"人流"真正留下来，为他们提供宜居宜业的城市生活环境。从"独立的艺术片区"到"联通的艺术城市"，亚拉河南岸成功吸引了众多的年轻人群和城市新贵在这里生活、工作。

一方面，建设高端综合公寓，雕琢城市生活空间。

随着艺术区的建设，南岸住宅项目的打造也如火如荼。2006年，墨尔本最高端的"摩天公寓"优卡利大厦（Eureka Tower）建成。除共建化的公寓立面和艺术装饰外，优卡利大厦也塑造了墨尔本最高端的生活方式——这里有多样的户型，每间公寓拥有独享的阳台和洗衣房；大楼内部有健身房、小剧场、桑拿室；在公寓最高的九层，是包括餐厅、观景台、天文台在内的综合性休闲场所。

▲ 优卡利大厦（图片来源：华高莱斯拍摄）

---

① 数据来源：澳大利亚数据统计局-2016年人口数据统计.

城市建设尤其增强了对年轻人的吸引力。2016年，亚拉河南岸居民年龄中位数仅30岁；在2009—2019年十年间，亚拉河南岸住宅建筑面积增长了110.4%、餐馆及咖啡厅数量提升了97.98%，商务办公总面积增加了15.2%，相应地，南岸全职雇员总人数上升了27%。[1]在亚拉河南岸片区，约有48%的居民通过步行上班，而整个墨尔本都会区，步行及骑行工作的人口比例仅为5%；公寓和办公设施的建设，让南岸成为"在本地生活，在本地工作"的艺术之城。[2]

另一方面，规划墨尔本式的城市艺术生活。

在建设生活、工作的"标配"设施之余，亚拉河南岸一直在致力于加强整个城市艺术与生活的融合。

在空间上，艺术区与城市空间在进一步连接、开放。在南岸新规划蓝图中，以"艺术轴线"为脊，南岸重新规划设计了与其垂直的"南岸漫步大道"等街道，形成鱼骨状结构，沟通艺术区内部；在艺术区的边缘，也将建立新的人行横道，以加强艺术区与周边的连接性；此外，皇家植物馆、艺术区、南岸商业区设置与北岸CBD间的游览路线将被进一步串联，形成真正联通的艺术之城。

在功能上，艺术区与城市空间在进一步融合。在艺术区的各大机构均设有咖啡馆、酒吧等休闲交流空间；未来，包括街道在内的潜在城市公共空间将更为开放，鼓励更多诸如露天表演和艺术集市等的街头文化植入，将城市生活的公共空间也打造为艺术展示的户外橱窗。艺术的生命力正一步步从艺术集群走向城市生活之中，亚拉河南岸的每一天，有1.8万居民、4.5万名雇员和8万名游客在这个没有边界的艺术之城中工作、生活、游览，共同定义和塑造着这座

---

[1] CITY OF MELBOURNE: *CLUE interactive visualisation*, https://www.melbourne.vic.gov.au/about-melbourne/research-and-statistics/city-economy/census-land-use-employment/pages/clue-interactive-visualisation.aspx; AustralianBureau of Statistics: *2016 Census All persons QuickStats*, https://quickstats.censusdata.abs.gov.au/census_services/getproduct/census/2016/quickstat/SSC22304.

[2] Future Melbourne Committee: *Melbourne Arts Precinct Blueprint*, https://www.melbourne.vic.gov.au/about-council/committees-meetings/meeting-archive/MeetingAgendaItemAttachments/639/11308/Agenda%20Item%206.2%20Melbourne%20Arts%20Precinct%20Blueprint.pdf.

"墨尔本式"的文化艺术之都。①

亚拉河南岸艺术区,从满是人间烟火的"江湖"中而来,它的形成是多种因素阶乘的结果,也为别出心裁的城市规划师和管理者提供了思考艺术区新的角度与可能——

它让那些没有重量级艺术瑰宝的城市片区看到了打造艺术之都的新路径:娱乐中心吸引人、艺术机构抓住人、高雅生活留下人,或许在成为"娱乐中心"的路上,"艺术中心"就会不知不觉跟上你。

它让那些处于都市核心区周边"灯下黑"的区域看到了希望:城市片区的发展不需要硬碰硬的拼建设,互补与协同才是兴城之道,而"艺术"恰恰是城市错位发展可实践,也可实现的方向。

它让那些急于以"艺术"完成城市转型的区域坚定了信心:在普遍认为科技创造物质财富,而文化创造精神财富的时代,其实只要放开规划、海纳百川、引人互动,艺术区照样可以实现经济发展和城市文化提升的双赢,成为区域发展的"双引擎"。

---

① CITY OF MELBOURNE: *Southbank projects*, https://www.melbourne.vic.gov.au/building-and-development/shaping-the-city/city-projects/Pages/southbank-projects.aspx.

▲ 纽约百老汇夜景（图片来源：华高莱斯拍摄）

人间百老汇，都市金银岛

文 | 张天天

一、戏剧演艺区——左手文化，右手经济

2020年6到9月，在文化和旅游部的指导下，"冰封"了半年的演出场所迅速恢复开放，观众上座比例上限由30%[①]一路增长到75%[②]。在北京，国庆、中秋假期期间，演出场次高达436场[③]。在疫情防控优先的态势下，国内现场演艺行业正在迅速恢复活力！这种活力的根源在于，随着经济的发展和人们收入的增长，文化消费需求增长已经成为大势所趋！

▲ 国家大剧院（图片来源：华高莱斯拍摄）

[①] 中华人民共和国中央人民政府：《文化和旅游部市场管理司关于印发〈剧院等演出场所恢复开放疫情防控措施指南〉（第二版）等的通知》，http://www.gov.cn/xinwen/2020-06-23/content_5521259.htm，2020-06-23.

[②] 中华人民共和国中央人民政府：《文化和旅游部市场管理司关于印发〈剧院等演出场所恢复开放疫情防控措施指南〉（第四版）等的通知》，http://www.gov.cn/xinwen/2020-09-19/content_5544729.htm，2020-09-19.

[③] 凤凰网旅游：《"双节"假期北京演出场所上座率上调至75%，436场文艺演出轮番上演》，https://travel.ifeng.com/c/806t8OF1Wfg，2020-09-27.

在这一趋势之下，戏剧演艺区对于大都市的重要性越发凸显——不仅是城市文化魅力核心，而且是拉起经济活力的重要引擎！一方面，戏剧演艺区通过提供多元化、高品质文化演出产品吸引观众，成为大都市最具群众基础的文化名片；另一方面，戏剧演艺区在利用演出作品吸引文化消费的同时，从上游制作到下游消费，对城市其他产业起到广泛的辐射带动作用，从而激活经济。

重要归重要，但国内绝大多数都市戏剧演艺区都还处于发展的初级阶段。戏剧演艺区的空间如何构建、怎样与城市深化联动，对国内城市来说都是需要大量"补课"的重要命题。而在这些问题上，纽约的百老汇是最有经验的"老师"。

二、纽约百老汇——享最大的乐，赚最多的钱

要说"文化殿堂"，纽约百老汇当真是受之无愧。曼哈顿 41 街至 54 街之间的剧场区分布着大大小小约 250 家剧院[①]，每年为观众奉献超过 40 部音乐剧新作[②]，堪称美国乃至世界音乐剧界的"圣城"。《歌剧魅影》(*The Phantom of the Opera*)、《猫》(*Cats*)、《西贡小姐》(*Miss Saigon*)等一大批传唱不衰的经典音乐剧，都是在百老汇的舞台上大放异彩之后走向世界。而剧场区向北不远的百老汇大道上，坐落着林肯表演艺术中心，代表了当今世界高雅艺术的最高水平，是无数名家大师毕生追求的梦想舞台。

拥有世界级声誉和无数经典作品的百老汇吸引了世界各地的人们竞相前来"朝圣"，成为曼哈顿岛上"夜夜笙歌"的文化乐园。据百老汇联盟数据（the Broadway League）显示，2018—2019 演出季，百老汇共接待观众近 1 480 万人次，比纽约和新泽西两州加起来排名前十的职业运动队比赛观众还多出 460 万人次[③]。其中，本地人（纽约都会区居民）只占 35%，游客比

---

① 卢西·菲尔伯格（Ruthie Fierberg）：《百老汇、外百老汇与外外百老汇的区别是什么？》（*What Is the Difference Between Broadway, Off-Broadway, and Off-Off-Broadway?*），https://www.playbill.com/article/what-is-the-difference-between-broadway-off-broadway-and-off-off-broadway，2017-11-11.

② 百老汇联盟（the Broadway League）：百老汇演出季统计（Broadway Season Statistics），https://www.broadwayleague.com/research/statistics-broadway-nyc/.

③ 百老汇联盟（the Broadway League）：《百老汇 2018—2019 演出季季末统计数据》（*2018 – 2019 Broadway End-of-Season Statistics*），https://www.broadwayleague.com/press/press-releases/2018-2019-broadway-end-of-season-statistics/，2019-05-28.

重高达 65%[①]；有 850 万张戏票，卖给了将百老汇作为重要目的地的游客[②]。

事实上，百老汇不仅为纽约贡献了世界级的文化影响力，也为纽约缔造了一个"文化产业帝国"，成为纽约文化经济的强大引擎。据百老汇联盟发布的官方产业数据，2018—2019 演出季，百老汇票房总收入 18.29 亿美元[③]，为纽约市贡献了 96 900 个就业岗位和高达 147 亿美元的经济效益[④]。

纵观世界戏剧演艺区，百老汇可以说是为数不多的既有面子又有里子，既有名气又有实利的典范了。而百老汇在文化和产业上的巨大成功，则是踩在巨人肩膀上不断努力的结果。

▲ 纽约百老汇（图片来源：华高莱斯拍摄）

[①] 百老汇联盟（the Broadway League）：《百老汇 2018—2019 演出季观众统计》（*The Demographics of the Broadway Audience 2018-2019 SEASON*），https://www.broadwayleague.com/research/research-reports/.

[②] 百老汇联盟官方网站（The Broadway League）：《百老汇事实》（*Broadway Facts Sheet*），https://www.broadwayleague.com/research/statistics-broadway-nyc/.

[③] 百老汇联盟（the Broadway League）：《百老汇演出季统计》（*Broadway Season Statistics*），https://www.broadwayleague.com/research/statistics-broadway-nyc/.

[④] 百老汇联盟（the Broadway League）：《百老汇 2018—2019 演出季对纽约经济贡献》（*Broadway's Economic Contribution to New York City 2018-2019 SEASON*），https://www.broadwayleague.com/research/research-reports/.

三、花团锦簇不如绝配一枝，用音乐剧树立百老汇品牌

在大多数人的印象中，百老汇等于音乐剧。诚然，音乐剧之于百老汇，如同京剧之于北京，相当于是同一张名片的正反两面。没有音乐剧的成功，也就没有今天的百老汇。但如果我们把目光稍微往前探一探，就会发现，**百老汇和音乐剧不是天生一对的宿命情缘，而是相互磨合共同成长的革命伴侣。**

在 18 世纪中期，纽约第一座剧场在曼哈顿岛开业。到 19 世纪中期，更多剧场纷纷出现，在当时地价相对便宜的百老汇形成了最初的聚集。此时的百老汇，演出内容极为丰富，形式非常多样："高大上"如莎士比亚、芭蕾舞剧，"接地气"如音乐话剧（Melodrama）、黑人吟游诗人秀（Black Minstrel Show），甚至还有更为低俗的滑稽剧，可谓花团锦簇，满足观众的不同需求。繁荣是足够繁荣的，问题也随之暴露。1849 年，百老汇下层观众和到阿斯特剧场（Astor Place Theatre）观剧的上层人士爆发了冲突。这次冲突对于百老汇来说，无疑是当头棒喝——缺乏清晰的定位和足够吸引力的产品，必然导致客群的混乱和受限。所以，用什么样的演出来吸引观众，是当时的百老汇面临的重大选择。

最终的结果——百老汇选择了音乐剧（Musical）。

从市场角度考虑，音乐剧雅俗共赏，能够吸引更为广泛的观众群体。音乐剧诞生于 19 世纪。作为一种乐舞俱全的舞台艺术，音乐剧的受众更为广泛，为百老汇争取到了更大的市场。脱胎于轻歌剧（Operetta）的音乐剧，在保留了歌剧的艺术特色的同时，向更多通俗的舞台艺术形式敞开怀抱。因此，相比莎士比亚式的传统戏剧，音乐剧唱跳俱全，表演形式更为活泼多样，更容易吸引普通观众；而相对于传统歌剧严谨的音乐要求和唱大于演的表演特征，音乐剧结构更为简单，音乐表达更为自由，演唱并重，剧情表现更为丰富，对于上层观众而言，也具有相当的吸引力。

**从长远看，音乐剧作为当时一种新兴的表演艺术形式，对于百老汇来

说，**更容易掌握话语权**。19世纪，美国还处于"童年时代"，纽约尚未长大。百老汇作为这片年轻土地上一个名不见经传的剧院区，没有深厚的文化艺术积淀，只能服从欧洲在舞台演出领域的话语权——戏剧要怎么演，英国说了算；歌剧怎么唱，意大利说了算。在这些已经形成了成熟体系的欧洲传统强势艺术门类中，百老汇一介无名小卒，哪怕做得再出色，也只能是一个追随者。有鉴于此，音乐剧作为一种新兴的文化艺术形式，是当时有可能让美国百老汇与欧洲文艺强国站在同一起跑线上争取话语权的唯一机会。

事实证明，百老汇选择音乐剧，确实是找到了当时文化艺术的蓝海。1866年，百老汇第一部真正意义上的现代音乐剧——《黑骗子》（*The Black Crook*）被搬上舞台，连续演出474场[1]，拉开了百老汇音乐剧时代的序幕。到1927年，杰洛姆·柯恩（Jerome Kern）和奥斯卡·汉姆斯坦二世（Oscar Hammerstein II）合力创作的《演艺船》（*Show Boat*，或译为《画舫璇宫》）在百老汇首演，从此，百老汇音乐剧进入黄金时代。

随着音乐剧品牌的不断强化，百老汇作为新兴的文化艺术区声名鹊起。20世纪初，电灯刚刚成为公共照明新宠，繁华的百老汇大街充斥着各大剧院连绵不断的广告灯牌，夜间亮如白昼，被称为"白色大街（The Great White Way）"。百老汇也从籍籍无名的文艺界"路人甲"，一跃成为代表美国掌握音乐剧领域话语权的"话事人"，也使得纽约作为当时世界上年轻一辈国际大都市中的翘楚，开始在文化艺术领域大放异彩。

四、内外协作，用完整的剧院生态维持百老汇活力

虽然百老汇剧院扎堆，但不是所有的剧院都叫百老汇——只有500座以上的大型剧场才能叫作"百老汇剧院"，目前有41个[2]；100~499座的剧

---

[1] 历史（History Things）：《百老汇的历史》（*The History of Broadway*），https://historythings.com/the-history-of-broadway/，2021-03-27.

[2] 卢西·菲尔伯格（Ruthie Fierberg）：《百老汇、外百老汇与外外百老汇的区别是什么？》（*What Is the Difference Between Broadway, Off-Broadway, and Off-Off-Broadway?*），https://www.playbill.com/article/what-is-the-difference-between-broadway-off-broadway-and-off-off-broadway，2017-11-11.

院叫作"外百老汇（Off-Broadway）"；100 座以下的剧院叫作"外外百老汇（Off-Off-Broadway）"。虽然带着"外"字，但这些小型剧院和大剧院之间存在着密不可分的共生关系，而这种共生关系，也是百老汇能够维持活力至今的重要原因。

作为百老汇剧院，场子大，开支大，门票贵，对于它们而言，剧目新不新不重要，能够带来可靠的票房才是关键。基于这种"安全性"考虑，百老汇剧院通常对新剧目采取保守态度，极少愿意拿票房做风投，为文化创新买单。在这种情况下，场子小、花费少、门票便宜的"外"字头小剧场就有了用武之地——依靠低廉的成本，百老汇的小剧场往往为新剧目和新演员的试验场。大剧院不愿意轻易尝试的新剧目，小剧场乐意为之。

基于各自的需求，百老汇的大小剧场之间形成了紧密的共生关系：百老汇通过投资、捐赠，支持"外"字头小剧场的运营；而小剧场利用大剧场的投资，发挥负担小的优势，为百老汇输送创意和人才。 百老汇剧院运营巨头——舒伯特集团（Shubert Organization）管理着百老汇 17 家大型剧院，为了保证内容创新活力，舒伯特集团自建一座外百老汇剧院——小舒伯特（Little Shubert），作为整个剧院集团的"创新引擎"。除此之外，舒伯特集团建立"舒伯特基金"，专门用于投资小型剧场和非营利性演出团体，通过"体外造血"增强自身创新活力。而"外"字头小剧场对于百老汇的文化创新，也确实起到了极为重大的作用。2015 年 2 月，斩获音乐剧界"奥斯卡"——百老汇托尼奖（Tony Award）16 项提名的"爆款"音乐剧《汉密尔顿》（*Hamilton*），在著名的外百老汇剧院——公共剧场（Public Theatre）首演成功。6 月，该剧被搬上老牌百老汇剧院——理查德·罗杰斯剧院（Richard Rodgers Theatre）的舞台，其中大部分演员采用外百老汇的原班人马。

经历了两百多年风雨的百老汇之所以能够维持繁荣，获得持续的文化口碑和商业成就，离不开每年 30～40 部新剧的文化创新活力。而这种创新活力的基石，正是百老汇内外剧院之间稳定而紧密的共生关系。

五、大水养大鱼，协同纽约都市产业谋求长远发展

百老汇之所以能成为今天的百老汇，离不开正确的道路选择和完整的剧场生态，但更重要的是，百老汇站在了巨人的肩膀上——与纽约强大的都市产业基础协同，百老汇才能构建起文化产业帝国。

1. 与纽约科技产业协同，用科技武装文化

百老汇音乐剧作为一种舞台艺术形式，所营造出的"身临其境"的现场感和场景感是其区别于影视产品的最大特点，也是百老汇至今仍对观众有非凡吸引力的关键。而这种现场感和场景感的营造，离不开高科技的加持。因此，从根本上说，**百老汇的文化艺术本身就带有浓厚的科技色彩。**

自 1975 年《伴我同行》（*A Chorus Line*）第一次使用计算机进行灯光控制，至今四十余年过去，科技对百老汇的渗透日益加深，百老汇音乐剧的舞台场景也越发震撼：《歌剧魅影》中神出鬼没的舞台效果、《西贡小姐》中横空出现的直升机、《阿拉丁》（*Aladdin*）中神奇变幻的魔法场景，对于置身其中的观众来说，都是极为难忘的体验。

并且，科技发展不断加速，**文化与科技的融合也已是大势所趋。大量文化作品不是"拍不成才做"，而是"做不成才拍"**。原来难以在舞台上呈现而拍成电影的作品，也已经回到了舞台上。除《阿拉丁》外，《狮子王》（*The Lion King*）、《冰雪奇缘》（*Frozen*）等一批影响力极大的影视作品已经成为百老汇音乐剧的新宠。观众不用再通过屏幕想象那些神奇的场景，只要坐在剧场里，眼前所见所感皆是奇迹。

感谢纽约，作为美国科技产业高地，以雄厚的文化科技企业基础，支撑了百老汇的技术焕新。其中包括舞台效果科技界的领头羊——PRG 公司及在舞台媒体科技领域极具影响力的 WorldStage 公司。这些企业都是百老汇长期以来的合作对象，通过舞台效果和媒体科技的不断进步，推动百老汇音乐剧现场表现力持续提升。现在，百老汇还与 GalaPro. 公司合作，推出现场演出译制软件，让来自世界各地的观众都能用母语看懂百老汇音乐剧，不断扩大百老汇音乐剧的世界影响力。

百老汇与硅巷的协作为文化插上了科技的翅膀。百老汇借此拥有了世界上

最为极致的舞台，由此诞生出无与伦比的场景，奠定了百老汇领先于世界其他文化艺术区的独特优势。

2．与纽约金融产业协同，用资本培育文化

文化科技越是发达，舞台效果越是绚烂，意味着百老汇的内容制作成本越是高昂。1988 年，《歌剧魅影》在百老汇上演时，制作成本已经高达 800 万美元[1]。如今，百老汇大型音乐剧的制作成本大多在 1 000 万～2 000 万美元[2]。即便是"外"字头小剧场出身的《汉密尔顿》，制作成本也已经达到了 1 250 万美元[3]。简而言之，百老汇要维持高水准的制作，就必须有高量级的投入。

更重要的是，高量级的投入，并不一定能带来丰厚的回报。百老汇并不是每出剧都能火，真正能获得成功、收回成本的音乐剧只占全部剧目的 20%～25%。2011 年在百老汇上演的音乐剧《蜘蛛侠：终结黑暗》，制作成本超过 7 500 万美元[4]，遗憾的是，虽然头顶"蜘蛛侠"这个大 IP 的光环，这部音乐剧依然没能收回成本，最终以停演黯淡收场。

正是因为高量级、高风险，故而敢于投资百老汇的人都被视为"天使"；也正是在百老汇，诞生了"天使投资人"这一说法。而百老汇之所以能够找到足够多的"天使投资人"，正是因为它身在纽约曼哈顿，背靠华尔街。

▲ 华尔街（图片来源：华高莱斯拍摄）

---

[1] 帕特里克·希里（Patrick Healy）：10 000 盏永恒的枝形吊灯的火爆（*A Hit That Has Outlasted 10,000 Chandeliers*）[N]．纽约时报（New York Times），2012-02-10．

[2] 布莱恩·博兹考斯基（Bryan Borzykowski）：《剧院投资的大幕背后》（*Behind the curtain of theatre investing*），BBC，2015-12-18．

[3] 格里高利·布莱斯格尔（Gregory Bresiger）：《汉密尔顿》为投资人首年大赚（*Big first year for 'Hamilton' pays dividends for investors*）[N]．纽约邮报（New York Post），2016-04-02．

[4] 第一财经：《投资百老汇？也许只是富豪在砸钱粉饰门面》，https://www.yicai.com/news/5026325.html，2016-06-13．

华尔街的金融精英不仅是纽约的财富阶层，更重要的是，与百老汇比邻而居，培养了这些金融精英浓厚的音乐剧情结，这种情结促使他们愿意为新剧买单。《歌剧魅影》制作期间，詹姆斯·B. 弗雷贝格（James B. Freydberg）投入 50 万美元[1]，当时他还是华尔街大型银行企业中负责国际贸易的高管，如今，詹姆斯已经成为百老汇知名音乐剧制作人。

华尔街金融精英不仅自己为百老汇投资，还主动为百老汇拉投资。2014 年，华尔街资深证券分析师阿什莉·德赛蒙（Ashley DeSimone）将自己的金融专长与对百老汇的热爱结合起来，成立了财富戏剧风投（Fortune Theatrical Ventures），为百老汇搭建了更多的融资渠道[2]。

百老汇利用背靠华尔街的优势，通过提供高品质的文化产品，吸引华尔街精英为之买单，同时培养成他们的百老汇情结，吸引这些财富阶层为新作品投资，培植起百老汇文化产业的资本土壤。

3. 与纽约艺术教育产业协同，用人才支撑文化

百老汇所代表的文化艺术产业，需要人力资源的高度密集。除台上的演员外，还需要编剧、作词、作曲等前期创意人员，舞美、灯光、音响等舞台技术人员，服装、化妆、道具等后台支持人员，以及清洗、餐饮等后勤保障人员。每部作品、每场演出都是一个庞大的组织系统。以百老汇金牌剧目《歌剧魅影》为例，每场演出都有 130 名演职人员直接参与，需要 14 位化妆师、22 次场景变换、230 套服装、281 支蜡烛、250 千克干冰及 10 台烟雾制造机[3]。而这只是百老汇众多剧演团队的其中之一。

很多人以为，随着舞台科技的进步，大量百老汇演职人员的工作会被机器取代，演职团队规模也会相应缩小。对此，纽约城市大学技术学院娱乐科技专业的教授约翰·亨廷顿（John Huntington）表示，**百老汇技术人员团队规模**

---

[1] 帕特里克·希里（Patrick Healy）：10 000 盏永恒的枝形吊灯的火爆（*A Hit That Has Outlasted 10,000 Chandeliers*）[M].纽约时报（New York Times），2012-02-10.
[2] 辛西娅·利特尔顿（Cynthia Littleton）：《华尔街采取多种方式投资百老汇演出》（*Wall Street Alum Takes Portfolio Approach to Investing in Broadway Shows*），雅虎（Yahoo），2016-04-12.
[3] 歌剧魅影官方网站：《事实与数据》，https://www.thephantomoftheopera.com/facts-figures/.

跟几十年前相比,并没有减少,只是分工和技能要求变了①。

像百老汇这样庞大的人才需求,只有纽约这样的大都市才能满足。在百老汇周边,有哥伦比亚大学、纽约城市大学技术学院等高校,这些高校与百老汇之间形成了紧密的产业互动。

▲ 哥伦比亚大学(图片来源:华高莱斯拍摄)

一方面,以哥伦比亚大学(Columbia University in the City of New York)、纽约城市大学技术学院(New York City College of Technology)为代表的高校,为百老汇输送了大量的文化演出、管理和技术人才,有些甚至是针对百老汇的"定向培养";另一方面,百老汇为这些高校毕业生提供就业机会和展示自我的舞台,也为各高校的相关专业教学提供了坚实的背书。纽约城市大学技术学院拥有美国东北部唯一一个、在世界范围内也不多见的娱乐科技专业,专攻现场演出相关技术。这一专业与百老汇的人才需求高度契合,百老汇也成为

---

① 麦克·劳乐尔(Mike Lawler):《新的舞台技术改变了游戏,不仅在幕后,也在教室里》(*New Stage Technology Changes the Game Behind the Scenes, and in the Classroom*),https://www.americantheatre.org/2014/01/15/new-stage-technology-changes-the-behind-the-scenes-routine/,2014-01-15。

该专业毕业生主要的就业去向。

依托纽约大都市优质的文化艺术教育，百老汇聚集了大量的演艺人才。这些人才的聚集，才是支撑百老汇持续发展的真正动力。

百老汇这个文化产业帝国之所以能够创造如今的辉煌，最根本的原因在于它站在了巨人的肩膀上——纽约坚实的科技、金融和文化艺术教育产业基础，与百老汇共振，最终成就了百老汇文化产业的神话。

相对于世界其他积淀深厚的文化艺术区，纽约百老汇走的是一条在巨人肩膀上创新的道路：以创新性的音乐剧突破蓝海，通过大小剧院的聚集共生保持活力，依托纽约雄厚的都市产业扩展文化产业帝国。对于国内一线城市和新一线城市而言，作为中国与世界对话的前沿，应当拥有相应分量的文化艺术区，形成文化影响力。就这一点来说，百老汇的成功固然难以复制，但其基本路径未尝不可借鉴。作为中国城市的第一阵营，这些"一线"们完全可以结合自身实际，寻找文化艺术领域的创新突破点，通过构建完整的产业生态，与自身都市产业基础形成共振，从而实现文化品牌和文化产业的双重提升。

▲ 鹿特丹市中心是现代艺术的聚集地（图片来源：华高莱斯拍摄）

鹿特丹文博区——拼接散落的城市记忆

文 | 徐 航 高级项目经理

并非所有城市都如此幸运，能如维也纳、纽约、巴黎那样，拥有一块集中传承和展示城市记忆的"文化乐土"。在大多数城市中，文化碎片散落于城市的各个角落，难以构建完整的城市记忆。甚至因为规划失序，让城市记忆面临湮灭的危机。古都西安就是如此，兵马俑、碑林、大明宫、华清池、陕西历史博物馆……这些残存的文化片段被城市各种建筑片区无情切碎，已经很难使人联想起千年前位于世界顶点的盛世长安。

如何将文化融入中心城区的城市更新，拼接起被水泥森林割裂的城市记忆，是全球大城市面临的共同难题。在这方面，荷兰鹿特丹提供了一套完整的解决方案。

一、因港而兴的鹿特丹，拥有辉煌的城市记忆

自 1340 年建市以来，鹿特丹因港而兴，逐步发展成为全球最成功的港口城市。在 17 世纪的"黄金时代"里，鹿特丹就是仅次于阿姆斯特丹的荷兰第二大商业中心。到了 20 世纪，随着马斯河南岸的开发，鹿特丹一跃成为欧洲最繁荣的港口城市，拥有全球最大的疏浚港和最高的办公楼，获得了"欧洲桅杆"的美誉。

进入 21 世纪，鹿特丹延续了自己面向海洋的开放气质，孕育出了创新、前卫、包容的独特城市文化，2001 年入选欧洲文化之都，2014 年被评为欧洲最佳城市。"文化之都"正在成为鹿特丹的崭新标签。

这一切却来之不易，因为所有的文化辉煌并非来自顺势而为的传承，而是来自破碎后的拼接！

二、轰炸与重建，曾让鹿特丹的城市记忆支离破碎

1940 年 5 月 14 日，德国人为了让英勇的荷兰军队屈服，将中心城区 2.6 平方千米的土地夷为平地。大轰炸让鹿特丹丧失了所有文化功能，6 100 栋商业建筑、1 450 间餐厅、62 所学校、24 个教堂和 14 个剧院被彻底摧毁，就

连城市记忆的活化石——马斯河上的码头，也在轰炸中损失惨重。可以说，大轰炸完全摧毁了鹿特丹的城市记忆。

▲ 欧洲曾经最高的办公楼白房子，是战争中幸存的地标建筑之一（图片来源：全景网）

战后，鹿特丹迅速开始城市重建。但由于缺乏统筹规划，过于关注经济功能的恢复，完全忽略了城市的文化重建。最可惜的莫过于鹿特丹大剧院（De Groote Schouwburg），它在轰炸中仅仅部分损毁，只要稍加修缮就可恢复，却在清理废墟时被铲平。以至于此后的40年间，鹿特丹人只能在一座临时剧场里欣赏戏剧和电影。①②

三、鹿特丹通过城市更新构建大文博区，重新拼接散落的城市记忆

进入20世纪80年代，荷兰在全国空间规划中强调文化对城市发展的重要意义。从此，"重构文化认同、拼接城市记忆"成为鹿特丹城市规划的核心理念。从1985年中心城区规划首次提出文化主题片区开始，经过30多年的发展，鹿

---

① John Mccarthy. The Redevelopment of Rotterdam Since 1945 [J]. Planning Perspectives, 1999 (14).
② P. Stouten. Thirty Years of Urban Regeneration in Rotterdam [J]. Journal for Housing Science, 2012, 36 (1).

特丹已经形成了覆盖城市中心,全面展示和传承城市记忆的大文博区,包含四个主题鲜明、定位差异的片区:[1][2]

● **市民文化区——剧院广场(Schouwburgplein)**:剧院广场聚集着剧院、影院等大型文化设施,也是鹿特丹商业、艺术、夜生活的主战场,未来将成为功能复合的市民文化区。

● **国际文化公园——博物馆公园(Museumpark)**:博物馆公园是由伊夫·布鲁尼和雷姆·库哈斯共同打造的绿色开放式博物馆群落。未来将联动Het Park,成为举办大型文化盛会的国际文化公园。

● **先锋视觉艺术区——威廉敏娜码头(Wilhelminapier)**:威廉敏娜码头是联动马斯河南北两岸的重点开发项目,通过汇聚众多现代派大师建筑和新派文化设施,未来将发展成为视觉艺术创新中心。

● **海港文化休闲区——水城(Waterstad)**:水城由勒弗港(Leuvehaven)改造而成,坐落着鹿特丹海事博物馆,停靠着众多历史船只,未来将成为全景展示鹿特丹海港记忆的港口文化休闲区。

以四大片区为主体,鹿特丹逐渐拼接起破碎的城市记忆,构成了面向世界的"文化会客厅"。正如文化专项规划《紧凑文化都心2020》所描述的,"**通过高品质的文化设施,在城市中心积累文化资本,形成属于鹿特丹的文化认同,向居民、游客、投资者传递属于城市的文化、记忆和历史,是打造城市会客厅的关键**"[3]。

四、鹿特丹文博区拼接城市记忆的路径

鹿特丹文博区位于城市中心,各个主题片区在空间上并不连续,也不

---

[1] 鹿特丹市政府:《作为会客厅的中心城区:鹿特丹中心城区规划,2008—2020》,https://www.yumpu.com/nl/document/read/25864587/pdf-binnenstad-als-city-lounge-gemeente-rotterdam,2018-11-03.

[2] 鹿特丹市政府:《鹿特丹中心城区规划(修订版),2015》,https://onderzoek010.nl/handlers/ballroom.ashx?function=download&id=22,2018-10-29.

[3] 鹿特丹艺术文化委员会:《鹿特丹紧凑文化都心规划,2020》,https://www.rrkc.nl/wp-content/uploads/2009/01/Compacte-cultuurstad-def-1.pdf,2018-10-29.

可能进行大规模建设。为了实现城市文化记忆的拼接，采取了以下三条创新路径。

1. 从"多元"到"统一"，拼接完整的城市记忆体

鹿特丹是博物馆爱好者的天堂，拥有众多特色鲜明、品位独特的博物馆。这些博物馆都从不同维度展示城市文化，共同形成完整的城市记忆体。

（1）用场景还原鹿特丹海洋记忆——鹿特丹海事博物馆。

鹿特丹海事博物馆建立于1874年，是全球顶级的航运历史博物馆。自从1986年迁址到荷兰港口的活化石——勒弗港（Leuvehaven）之后，博物馆依托新的场馆和码头空间，通过场景还原，生动再现了鹿特丹的海港记忆。

▲ 海事博物馆附近停靠了大量船只（图片来源：全景网）

在展览空间上，海事博物馆与户外港口博物馆实现整合打造，成为展示荷兰航运文化的巨型场景。首先，海事博物馆内部被设计成一个巨大的船舱，让人仿佛身处荷兰"大肚子"商船中，参观者从最底层沿着铁梯拾级而上，最终登上舱顶甲板。连楼层标识也换成了表示甲板的"Deck1/Deck2/Deck3"，增强了代入感。其次，户外港口博物馆延续了勒弗港的传统肌理，停泊着包括荷兰皇家军舰巴弗尔号（Buffel）在内的荷兰各个时期的古老船只，让这座建于黄金时代的古老港口完美复活。

在展览形式上，海事博物馆通过视觉和听觉双重还原，将荷兰漫长的航海历史融入场景中。例如，巴弗尔号就"绘声绘色"地展示了海军官兵的日常生活场景。当你踏入舱门时，就会看到一幕幕"有声有色"的生动场景，普通士兵在单人房里弹吉他，舰长在豪华餐厅里伴着钢琴曲用餐，公共浴室传来哗哗的水声和海兵们的笑声……搭配海浪拍击船板的巨响和头顶不时传来的电闪雷鸣，让参观者仿佛置身于某次远航任务中。

在展览内容上，相比单纯展示，海事博物馆更愿意让人们亲身体验。如"海上作业体验"项目，让孩子们"实地"体验海上工作的快乐和艰辛。首先，穿上安全背心和安全帽，变身成一位从事离岸工作的海洋工程师；其次，屏幕上开始投影出海上能源平台周围海域的场景，船只来来往往，直升机起起落落，吊臂忙碌地工作；再次，孩子们扮演钻井工、吊臂工、直升机飞行员、海洋风电专家等角色，共同支撑海上能源平台的运行，并学习油气钻探、海风发电、潮流发电的原理。最后，还有一组测试题，询问小朋友们是否愿意从事离岸工作。这与其说是展览，更像是从娃娃抓起的职业宣传。[①]

（2）用美术展示黄金时代的幸福生活——博伊曼斯·范伯宁恩美术馆。

博伊曼斯·范伯宁恩美术馆建于1849年，是荷兰三大美术馆之一。美术馆内共有14万件艺术作品，囊括了中世纪以来西欧著名画家的杰作。其中最重要的主题是"黄金时代的荷兰记忆"，这里收藏了大量创作于黄金时代的写实主义画作，透过荷兰画家的妙笔，从多个角度展示当时人们的幸福生活。

最诱人的视角是静物写生里丰盛的餐桌。黄金时代为荷兰人带来的更好的物质生活，丰盛的晚餐是每个家庭最普通的场景，也成为当时最重要的绘画主题之一。美术馆里就收藏了大量关于食物的静物写生，如著名静物画家威廉·克拉斯·赫达（Willem Claesz Heda）《有牡蛎、柠檬和银杯的静物画》

---

① 赵莉. 鹿特丹海事博物馆考察笔记 [J]. 航海，2012（6）.

▲ 博伊曼斯·范伯宁恩美术馆所在的博物馆公园，是艺术与生态完美融合的城市公共空间（图片来源：华高莱斯拍摄）

《有火腿的静物》等，用令人垂涎欲滴的写实笔触，描绘了当年普通荷兰人的丰足生活，让物质文明极大丰富的现代人都心生向往。

最感人的视角是人物肖像中快乐的人们。黄金时代的荷兰画家深受伊拉斯谟人文主义影响，偏爱为普通人绘制肖像，展示他们日常的喜怒哀乐。美术馆中收藏了大量惟妙惟肖的人物肖像，如伦勃朗的《桌前的提图斯》，描绘了作者的小儿子写作文的场景，孩子托腮沉思的生动表情，被父亲用慈爱的笔触忠实记录下来。

最美丽的视角是风景画中的尼德兰风光。黄金时代的繁荣催生了大量的艺术品交易需求，其中最大宗的货物就是风景画。如博物馆中收藏的著名风景画家勒伊斯达尔的系列作品，其中不乏小孩堤坝、羊角村这样为人熟知的景点。很难想象，这些如今价值连城的珍贵艺术品，在当时仅仅是荷兰中产家庭墙头的一幅普普通通的装饰画。

（3）用胶片记录荷兰的现代化历程——荷兰摄影博物馆。

荷兰摄影博物馆建于1989年，收藏了550万张照片，记录了20世纪以来荷兰社会发展的方方面面，是记录荷兰现代化进程的重要文化载体，被列入"三角洲文化保护计划（Delta Plan for Culture Conservation）"，获得了荷兰教育、文化与科学部和鹿特丹市政府的直接资助。

围绕馆藏的珍贵胶片，摄影博物馆通过多种方式，向摄影爱好者和民众展示国家记忆。其中最便捷的方式是浏览数据化照片，观众可以通过官网或博物馆数据库进行浏览，每一张数字化相片都配有摄影师讲述的拍摄故事；最常规的方式是专题展览，如2007年举办的中国摄影家大展；而最独特的方式是"暗房（Dark Room）"，展厅如同一个老式暗房，观众取出底片放入显影箱，随着影像的浮现，摄影师开始讲述照片背后的故事，直到影像消退为止。

此外，荷兰摄影博物馆还将拥有版权的照片制成各种"商品"，在创收的同时，也能将胶片中的记忆传递给更多的人。如为杂志、书籍提供主题图片，为公共空间提供装饰图片，甚至可以指派摄影师为个人定制相册。这些商业行为的背后，是对博物馆可持续运作的深刻思考。首先，由此带来的经济收益，可以购买更多的照片版权，或者买下摄影师的未来版权，让博物馆的藏品得到扩充。其次，从每一笔生意中，拥有相关照片版权的摄影师，都可获得50%的分成，激励他们继续从事摄影创作。

总之，从声音到视觉，从绘画到照片，不同的文化区用不同的方式展示着鹿特丹的文化历史。这种犹如合唱中不同声部的巧妙组织，让鹿特丹的文化以一种格外悦耳的方式流入受众的心田。

2. 从"分割"到"连接"，体验鹿特丹的文化漫步

在空间方面，文博区面临的最大问题是文化设施的空间割裂。正如《紧凑文化都心2020》所说：**"毫无疑问，鹿特丹已经拥有了数量充足、品质极高的文化艺术设施。但是，当你来往于两个极具吸引力的文化片区时，往往要通过空旷的街道，文化都心就这样被切割成碎片。"**

为此，鹿特丹规划了多条步行友好"文化轴线（Cultural Axis）"，将重要的文化片区串联起来。这些轴线的设计目标，"并不是为了缩短文化设施之间的空间距离，而是通过景观设计、文化设施和休闲业态的植入，让这段旅途变得更加有趣而迷人"，"文化轴线"主要有以下三种打造手法。

（1）打造壮美天际线，实现视觉牵引。

规划师们认为，文化轴线必须在人的视角上形成视觉牵引，才能引导游人向下一个文化片区前进。为此，从 20 世纪 80 年代开始，鹿特丹就致力于塑造极具现代感的壮美城市天际线，作为吸引视线的利器。

其中最具代表性的片区就是威廉敏娜码头，这里曾是鹿特丹的"红灯区"。为此，迅速扭转城市形象成为片区开发的首要目标。打响形象改变第一枪的是 1996 年通车的"天鹅桥（Erasmusbrug）"，这座由范伯克尔（Ben van Berkel）设计的地标建筑，连通了马斯河北岸的市中心和南岸的落后地区。高耸的塔门直指苍穹，如同天鹅曲项向天，优美而富有张力的外形，让它成为鹿特丹现代建筑艺术的标志。[1]

此后，码头在每一栋建筑的设计中都采取了公开竞标的模式，不少知名建筑师都在这里留下过他们的作品。如诺曼·福斯特（Norman Foster）的世界港口中心、法兰馨·胡本（Francine Houben）的蒙得维的亚大厦、彼得·威尔逊（Peter Wilson）的新卢卡索剧院、阿尔瓦罗·西扎（Álvaro Siza）的新奥尔良大厦、伦佐·皮亚诺（Renzo Piano）的 KPN 塔楼，当然，不能忘了雷姆·库哈斯（Rem Koolhaas）的鹿特丹大厦。

这些大师建筑和天鹅桥一起构成了鹿特丹的最美天际线。当人们走在鹿特丹的街道上时，一抬头就会被对岸壮丽的城市天际线所吸引，情不自禁地走向这座鹿特丹现代建筑艺术的宝库。

（2）植入装置艺术，强化街道形象展示力。

在街道和公共空间中，鹿特丹也在文博区充分植入装置艺术，提升文化轴线的形象展示力。其中最具代表性的项目是鹿特丹国际雕塑计划（Sculpture International Rotterdam，RIS），邀请国际知名艺术家为鹿特丹制作装置艺术品，并将它们植入特定的街道，实现街道视觉形象的提升。

---

[1] 范铁. 鹿特丹 Kop van Zuid 城市复兴工程［J］. 建筑技术及设计，2004（1）.

▲ 天鹅桥与威廉敏娜码头的天际线（图片来源：全景网）

鹿特丹南北方向的文化主轴库尔辛格大街（Coolsingel）就是 RIS 成功的案例之一。早在 2007 年，RIS 就看中库尔辛格大街直通马斯河南岸的交通主轴地位，首批邀请 12 位来自全球的艺术家为这条文化轴线进行艺术创作。在 RIS 看来，库尔辛格大街项目并不是临时活动，而是提升鹿特丹国际影响力的长期项目。因此，从 2007 年至今的十余年间，每年都会有新的艺术作品呈现在库尔辛格大街，其中既有临时的展览，又有永久性的装置艺术品。目前，RIS 的展品已经遍布鹿特丹文博区所有的主要文化轴，并且仍在不断壮大版图。

（3）填充文化休闲功能，活化"过渡空间"。

除视觉上赏心悦目外，文化轴线更应填充文化休闲功能，成为城市文化休闲的主要载体，真正激活这些"过渡空间"。连接博物馆公园和海事博物馆的白色艺术街（Witte de Withstraat）就是最佳案例。

◀对鹿特丹文青来说，艺术就是日常生活中的盐和胡椒（图片来源：华高莱斯拍摄）

20世纪80年代，为了配合博物馆公园和海事博物馆的建设，白色艺术街开始向文化方向转型，如今已成为鹿特丹最受欢迎的文化休闲商街。这里不仅聚集了众多文化创意机构，成为鹿特丹"文化极客"的重要聚集地；还聚集了大量深受欢迎的创新型文化休闲业态，如荷兰最火夜店"蠕虫（WORM）"，《孤独星球》评出的最佳酒吧"白猿酒吧（Café De Witte Aap）"，荷兰最受欢迎的咖啡店"漏斗（Hopper）"等。正因为汇聚了丰富的文化休闲业态，让白色艺术街不仅成为鹿特丹人的休闲首选，更成为全球文艺青年的打卡圣地。

以最受鹿特丹年轻人青睐的蠕虫为例。它不仅是夜店，更是先锋文化的展示基地。这里会策划各种小众音乐现场、放映实验电影、组织新媒体艺术节、生产自己的独立唱片……这些充满创新的文化展示活动，吸引了许多艺术家和设计师短期驻场，让蠕虫成为鹿特丹年轻人心中最有格调的文化大本营。

151

3. 从"橱窗"到"生活",让文化成为每天的必需品

鹿特丹文博区的建设,除重视空间和主题的联动外,必须解决文化与现代生活割裂的问题。只有让文化成为生活必需品,才能在每个人心中持续强化文化记忆,最终形成统一的文化认同。

鹿特丹每年三月举办的博物馆之夜(Rotterdamse Museum Nacht),就是最接地气的文化体验。每年,博物馆馆长们都会绞尽脑汁,给人们带来最有趣的"文化体验"。如在寂静无声的环境下跳迪斯科;陷在"荷兰懒骨头(Fatboy)"里看艺术纪录片;品尝新鲜出炉的烤蚂蚱;玩遍历史上各个型号的经典弹球机……总而言之,博物馆之夜的内涵并不只是博物馆通宵开放,而是一场全城同享的"文化夜生活"。在这里,每个人都能找到适合自己的方式,获得鲜活的文化体验。

博物馆之夜每年只有一次,但正在推进的鹿特丹"公共艺术仓库计划",则给予每个鹿特丹人随时近距离触摸文化珍品的机会。"公共艺术仓库计划"由博伊曼斯·范伯宁恩美术馆提出,是将艺术品仓库和博物馆两者合一的创新文化业态。其目的是"向公众展示博物馆通常隐藏起来的那个部分"——让人们近距离观察艺术品保护、修复、运输和存放的全过程。公共艺术仓库2019年对外开放。鹿特丹人得到了每天零距离接触文化珍品的机会。

五、通过城市更新拼接城市记忆,打造文化都心

城市更新是老城区不断成长和蜕变的过程。在这个过程中,既要留下老建筑、老街道,更要传承城市的文化记忆。尤其是对那些留存着众多文化遗迹的城市核心区,更应将文化建设融入城市更新中。鹿特丹的例子告诉我们,通过创新理念与合理规划,完全能在不涉及大规模建设的情况下,拼接黏合城市记忆,实现中心城区的文化复兴。这对正在进行三馆改造的西安,以及中国其他几个文明古都,都具有很好的借鉴意义。

▲ 阿尔伯特码头景观（图片来源：华高莱斯拍摄）

城市复兴中的博物馆区沉浮记
——以利物浦阿尔伯特码头博物馆群为例

文 | 金 悦

对于衰落的工业城市来说，文化是实现城市复兴不可或缺的一部分，而博物馆更是城市文化的必要承载。但是，此次我们并不探讨天外飞仙般的"毕尔巴鄂博物馆"，它的成功几乎是衰落城市破釜沉舟般的重金赌博，带着"毕其功于一役"的急切和"不成功便成仁"的决绝，不具有可复制性。更多工业城市成功的博物馆，它们往往"温和而谦逊"，俯下身子与市民打成一片，悉心保存着本地的文化与记忆，在城市复兴中发挥着巨大贡献。英国利物浦阿尔伯特码头博物馆群就是其中之一。

阿尔伯特码头无论在物质、经济还是政治上，都是一个利物浦地标，它的命运本身就是利物浦城市命运的缩影。1846年，码头作为世界上最坚固的码头，反映着当时世界上最强盛的英国第二大城市的地位。20世纪60—70年代，随着航运业务的转移，码头的经济衰退乃至关闭，标志着利物浦海上主导地位的落幕。自20世纪80年代起，码头开始了它的复兴计划，这也标志着利物浦自身城市复兴的开始。

一、生于乱世——为"维稳"而生的博物馆群

阿尔伯特码头的复兴计划诞生于一场城市大骚乱以后。随着"二战"以后利物浦港口地位的失落，经济萧条、失业加剧、种族对立等矛盾在利物浦城市愈加凸显。1981年7月，矛盾急剧扩大，托克斯特地区爆发了自维多利亚时代以来最为严重的骚乱，暴乱持续了9天，其中1人被警车撞击之后死亡，另外460名警察受伤，500多人被捕，超过70所建筑被摧毁[1]。史称1981托克斯特大骚乱（Toxteth Riots）。当时的财政大臣杰弗里·豪（Geoffrey Howe）爵士甚至秘密建议撒切尔夫人放弃利物浦，声称"拯救利物浦就是在做一件'让水流上山'的无用之功"。[2]

---

[1] 维基百科-1981年托克斯暴动（1981 Toxteth riots）词条，最后编辑于2021年10月17日.
[2] BBC新闻网：*Toxteth riots: Howe proposed 'managed decline' for city*, https://www.bbc.com/news/uk-england-merseyside-16355281, 2011-12-30.

然而，当时的环境部长迈克尔·赫赛尔廷（Michael Heseltine）却开始一场重建利物浦的雄心勃勃的计划。随后，赫赛尔廷被任命为默西塞德郡部长，开始以多种手段实现利物浦的城市复兴，具体包括阿尔伯特码头的重建、国际花园节及默西河流域环境整治任务等。

赫赛尔廷被誉为"利物浦城市的救世主、城市复兴之父"[①]。他不仅是一位政府官员，更是一名成功的房地产商，曼彻斯特的凯瑟菲尔德，东伦敦的金丝雀码头，索尔福德的媒体城，利物浦的阿尔伯特码头都是赫赛尔廷发展公司的杰作。赫赛尔廷深知城市环境的改变对于一座城市发展的意义。同年，默西塞德郡发展公司 MDC 成立，专注于利物浦阿尔伯特废弃码头的重建。

现在看来，利物浦的复兴是一场"维稳"意义下的政治反应。当曾经辉煌过的利物浦几乎走向崩溃的时候，用一项立竿见影改变城市形象的计划来稳定民心，重新建立城市的自豪与认同，显然比那些从长计议的稳定就业、解决种族关系等做法更为迫切。而作为利物浦的辉煌象征——阿尔伯特码头的更新工作就是被选出来提振城市、安定民心的"安慰剂"。

▲ 转型后的阿尔伯特码头成为利物浦的象征之一（图片来源：华高莱斯拍摄）

---

① Architects' Journal 杂志官网：*Michael Heseltine was there in Liverpool's hour of need*, https://www.architectsjournal.co.uk/news/opinion/michael-heseltine-was-there-in-liverpools-hour-of-need, 2017-03-21.

二、成于人心——积极博物馆学的先锋

早在此次复兴之前,阿尔伯特码头废弃之初,关于码头的开发计划的讨论从未停止。商贸中心,摩天大楼,利物浦理工学院新址,这些计划无一不是希望码头变为平地,重新建设。受到资金紧缺的压力和民众的强烈反对,这些计划最终都夭折了。

在 20 世纪 80 年代,将码头转变为文化休闲功能成为一种新兴的发展趋势。在当时的美国芝加哥、旧金山、波士顿等港口城市都有成功的实践。并且当时"工业考古学"的思潮萌芽,提倡将工业厂房作为一种遗产进行保护再升级。MDC 公司接管码头土地之后,以保护工业建筑为主要方向,着力建立利物浦文化和休闲中心。因此,博物馆成为阿尔伯特码头最重要的组成部分。

在当时的社会环境下,博物馆不能仅仅是一个展示藏品或文化的工具,而需要更多思考博物馆能为当时的利物浦社会与人民带来什么贡献。因为此次复兴必须让人们重拾对利物浦未来的信心!就在此时,"积极博物馆学"的提出,为码头博物馆群的发展指明了发展方向。"积极博物馆学"来自 1984 年新博物馆学国际运动的启动者《魁北克宣言》,提出:博物馆应该去精英化,强调本地群众与社区的参与发展,建立真正的大众博物馆。[①]

在阿尔伯特码头,1986 年海事博物馆、1988 年泰特美术馆、1990 年披头士博物馆、2007 年国际奴隶制博物馆(位于海事博物馆内)、2011 年利物浦博物馆(位于码头顶区)相继开幕。除泰特美术馆外,每座博物馆都与利物浦紧密相关。海事博物馆展现了利物浦作为港口的历史及它 19 世纪在全世界所扮演的重要角色;国际奴隶制博物馆讲述过去利物浦奴隶贸易的历史和近代对奴隶的观点;披头士博物馆更是展现了利物浦的披头士文化;利物浦博物馆则更为综合地反映利物浦的历史与文化意义。五大博物馆除披头士博物馆由私人开

---

① 于鸣放. 魁北克宣言 [J]. 中国博物馆,1995 (02).

放收取门票外,其他都向公众免费开放。

为了深入群众,发挥博物馆对本地居民的价值,博物馆各自策划了多元的教育活动与工作坊,涉及儿童、学生、成人、学术人士等各个方面,试图通过一次次地与民众的交流让民众重新认识利物浦,重新获得作为利物浦公民的文化自豪感。博物馆无论举办活动或提出计划都会邀请当地居民共同讨论,告知居民将会受到的影响。如果居民认为活动将影响他们的生活,他们有权利拒绝。例如,在举办阿尔伯特码头海盗节时,其间会施放海战的大炮,但提前通知了居民活动的时间与大炮施放持续的时间,在获得居民同意之后才展开活动。

当泰特美术馆将要在码头设立伦敦以外的第二个分馆时,遭遇到了来自居民的压力与敌意。人们并不认为一个外来的现代美术馆是利物浦当下必要

▲ 位于码头顶区的利物浦博物馆（图片来源：华高莱斯拍摄）

的建设，也并不认为它能为城市带来什么积极的意义。作为一个声名远播的美术馆，泰特美术馆并没有因为自己的品牌而傲慢，反而深知如果没有与当地群众建立良好的社群关系，就无法获得市民的认同从而获得长远的发展。因此，在建设之初，美术馆的初衷就是建立一个"当地"的美术馆，而不是一个伦敦的入侵者。他们鼓励利物浦的市民加入泰特美术馆的会员以获得更多的福利，美术馆提供免费的艺术教育活动，邀请当地人担任志愿者，同时还不断进入社区，为平时接触不到艺术的市民开展免费的艺术讲座，不断拉近作为一个外来博物馆与市民的关系。码头区的博物馆群自诞生以来就不是一个高高在上的精英姿态，而是真正意义上的与居民深度融合的大众博物馆。通过与居民构建紧密的社群关系而获得了博物馆的永续发展。随着码头博物馆群建设的成功，码头逐渐成为一个酒吧、餐饮等综合配套的港口休闲区。20 世纪 90 年代，阿尔伯特码头成为一剂成功的催化剂，成为黯淡利物浦的光明灯塔，给予了未来市场无比的信心，2003 年获选 2008 年欧洲文化之都。[1] 利物浦的市民也因为码头的成功重新认识了利物浦的文化，对利物浦的未来充满信心。

三、人心易变——为周边作嫁衣的文化磁极

20 世纪 80—90 年代，是阿尔伯特码头自衰落后最为辉煌的一段时间，当时它是整座城市唯一的繁荣。然而，在阿尔伯特码头的铺垫下，利物浦的投资逐渐复苏，周边市场群雄并起。码头的地位逐渐受到了威胁。2017 年，利物浦大学赫赛尔廷公共政策与实践研究所发布了一份阿尔伯特码头现状考察报告《阿尔伯特码头：利物浦下一轮复兴的位置？》（*Albert Dock: What Part in Liverpool's Continuing Renaissance?*），其中对码头的发展情况表达了忧虑。[2]

据报告统计，2015 年码头吸引了 600 多万游客，比 2000 年减少了近三

---

[1] Michael Parkinson：《阿尔伯特码头：利物浦持续复兴中的哪一部分？》（*Albert Dock:What Part in Liverpool's Continuing Renaissance*），DOI：10.13140/RG.2.2.26627.84001，https://www.researchgate.net/publication/352019303_Albert_Dock_What_Part_in_Liverpool's_Continuing_Renaissance，2021 年 6 月.

[2] Michael Parkinson：*Albert Dock:What Part in Liverpool's Continuing Renaissance?*，chrome-extension://oemmndcbldboiebfnladdacbdfmadadm，https://confidentials.com/uploads/files/HeseltineReport_AlbertDocks.pdf，2017.

分之一。其中90%都是外地游客,且回访者较少,近50%是第一次前来。在大部分游客看来,码头只有博物馆是值得一看的景点,其他找不出值得停留的原因。反映在经济指标上则是码头的零售租金持续低迷,码头的平均年度应税价值为1.86亿英镑,远远落后于后来兴起的利物浦一号5.53亿英镑,也落后于圣约翰斯购物中心的2.68亿英镑和博尔德街1.98亿英镑。码头的空置率达到13%,仅处于利物浦商业空置率的平均水平,远低于利物浦一号的3.2%。

▲ 空置率极低的著名商业区利物浦一号(图片来源:华高莱斯拍摄)

这一现实对当下的阿尔伯特码头来说是危险的。作为联合国教科文组织世界遗产,阿尔伯特码头不仅是利物浦的城市遗产,更是面向国际化的城市遗产。阿尔伯特码头给利物浦带来的开拓性成功是毋庸置疑的,但是我们必须看到,历经四十年的变迁,在新商业经济的时代下,阿尔伯特码头是继续顶着光环停滞不前,还是审时度势、重整旗鼓?最终的结果我们还不得而知。然而,阿尔伯特码头的沉浮发展,却使得我们在城市更新中的文博区发展中必须进行三个方面的新思考。

1. 博物馆不能仅仅成为一个城市招牌，文化力必须转变为持续的消费力

阿尔伯特码头的核心磁极博物馆群固然吸引了大批游客的目光，但其休闲配套乏善可陈。阿尔伯特码头拥有 46 个商业单位，餐饮类业态居多，新零售、住宿等业态占比极少，且十年来几乎在业态上没有发生明显的改变，被当地人认为有点风格老旧。而后逐渐兴起的商业区，无论是提倡流行生活方式的利物浦一号、主打特色小众商店波西米亚风格的博尔德街（Bold Street）还是主打夜色休闲的绳索工场（Rope Walks）等，流行、时尚、前卫、现代这些鲜明的特点都成为人气的吸引利器。造成游客在码头参观完博物馆后到别处进行消费的尴尬局面。如今阿尔伯特码头，正在积极改进商业特色，加入更多的高质量餐厅和新零售品牌，引入了类似港湾艺术（Dock Art）的独立艺术零售体验店。

赫赛尔廷研究所报告指出："休闲的关键是抓住当地人，其他都是额外奖励。"尤其对于城市中心区域的景点来说，日常客流带来的经济效益将远大于节假日游客带来的经济效益。通过博物馆带动工业城市的区域价值只是成功的第一步，围绕博物馆需要形成一系列完整的商业生态，将这种文化带来的吸引力转变为持续性的消费力，否则"游客拍一拍衣袖，不留下一片云彩"，最终只是为其他区域作嫁衣而已。

2. 城市更新的文博区不是单点突破，而是集群作战，必须周边通盘考虑，而非孤军作战

在阿尔伯特码头之后，码头顶区域、国王滨水区相继被开发。码头顶区域主要包括利物浦博物馆和作为办公用途的曼岛（Mann Island），国王滨水区主要承担大型会事活动功能，包括利物浦回声竞技场和英国电信会议中心。报告指出，有限的商业配套导致阿尔伯特码头目前并没有即时将会议中心、竞技场、曼岛的人流量考虑其中，随时捕获其中的消费人群，客群往往被一街之隔的利物浦一号带走。码头目前计划开通利物浦一号与码头之间的免费班车，反向吸引来自利物浦一号的客群，从别处实现人流的导入。

都市文博区带动周边区域的活力，对于承担非休闲功能的区域，如住宅区、办公区、会展区等，我们要及时意识到这些区域的兴起将为文博区带来更多的经济价值，从而做出相应的扩展策略，满足周边的需求。对于承担类似休闲功能的地区，需警惕带来的分流问题，积极与其形成差异化策略，实现客源的互补。

3. 文博区的发展需要自上而下的统一运作，而非各自为战

阿尔伯特码头的复兴计划一开始之所以能高效实施，在于默西塞德郡开发公司 MDC 作为单一决策机构，自上而下地进行更新。MDC 虽然不承担实际建设工作，但所有投资建设任务都由 MDC 公司代表政府牵头组织。而在 1997 年 MDC 公司关闭后，码头失去了强势的引导组织，码头现在权属多方，无法形成一个统一的目标。如今，码头的永久产权归高尔街不动产（Gower Street Estates）所有，安本资产管理公司（Aberdeen Asset Management）主管的劳埃德 TSB（Lloyds TSB）养老基金拥有大部分的商业收益，同时，阿尔伯特码头居民协会、利物浦国家博物馆、利物浦市议会等又是地区强势的租赁持有人，滨水河流又是运河和河流信托的责任。各种权利错综复杂，权属分裂，谁拥有什么，谁能掌控什么，谁都搞不清楚，更无法统一向着一个愿景努力。因此，从高效运作角度来看，只有统一的权属才有统一的管控，只有统一的目标才有统一的规划，这是一个项目实现良性循环的前提条件。

文化本身不涉及商业利益，但既然存在于城市中，文化就不应成为一座孤岛，文化的持续发展需要持续的消费力作为支撑。对于城市中心的博物馆区来说，拥有统一的权属形成合力、配套完整的商业体系提高本地吸引力、与周边地区紧密联系实现人流导入，成为不可或缺的三大因素。如今，阿尔伯特码头也正意识到了这些问题，在 2018 年提出"阿尔伯特码头 175"振兴计划[①]，向着更完善的基础设施、更丰富的城市配套、更国际化的城市愿景而努力。

利物浦阿尔伯特码头区在城市更新的沉沉浮浮中，给我们带来的不仅是都市文博区如何担负起城市复兴的重担，更重要的是告诉我们：都市文博区的发展不是一个静态的时点，而是伴随着城市复兴动态变化的过程。从利物浦

---

① 利物浦阿尔伯特码头官方文件：*Albert Dock 175 Strategy&Legacy*，https://albertdock.com/media/1648/albert-dock-175.pdf，2018 年 6 月．

的变化中我们可以看到，利物浦从开始进行城市复兴到成为欧洲文化之都，而后成为联合国世界文化遗产，文博区的角色与功能也必须随之发生改变。阿尔伯特码头从最初的一枝独秀到后来周边的百花齐放，它的应对策略也将发生改变。

▲ 曼彻斯特BBC总部（图片来源：华高莱斯拍摄）

BBC出伦敦记——
二线城市的新媒体中心崛起

文 | 李 丹

一、故事缘起:"豪门下嫁",从一场BBC的大迁徙说起

说起英国广播公司 BBC(以下简称 BBC),应该没有人会感到陌生。作为英国媒体界的"老牌贵族",BBC 从 1992 年成立以后便一直稳立在伦敦。从 2004 年开始,受制于政府、市场等多方面的压力,BBC 开始寻求改变——将一部分功能迁出伦敦①。2011 年,在英国西北发展署、索尔福德中央再生公司、曼彻斯特市议会和皮尔集团(The Peel Group)的共同策划与开发下,BBC 开始了向远居二线的曼彻斯特索尔福德码头为期 36 周的大规模搬迁,将 5 个部门一次性全体迁入曼彻斯特②。

当时,BBC 已有包括儿童、体育、未来媒体、BBC 广播五台(BBC Radio 5)、BBC 早餐、宗教、英国 BBC 爱乐乐团、地区性电视与本地广播服务等在内的 26 个部门、约 3 200 名员工搬到了媒体城③。媒体城承担了 BBC 总部 60% 的职能④,是真正意义上的 BBC 总部。在 BBC 迁来不久,老牌媒体的"头雁效应"就彰显出来,英国独立电视台(以下简称 ITV)、爱立信、卫星信息服务(SIS)等知名媒体公司也相继入驻,曼彻斯特的媒体集群初步形成。

在 BBC"老牌豪门"的"出伦敦记"中,曼彻斯特成为最大的获益者。 毕竟在此之前,曼彻斯特一度被人嘲讽为工业废弃地,其中区位偏远的索尔福德区是典型的落后区域,经济发展滞后,人口持续外流,乃至来此工作的人都有被放逐的失落之感。BBC 彻底改写了曼彻斯特的命运——英国媒体城

---

① 任燕:《英国广播公司即将启动大规模裁员整改》,国际在线,http://news.cri.cn/gb/3821/2004/12/05/1022@381618_1.htm,2004-12-05.

② 魏云峰:《曼彻斯特,英国雄心勃勃的媒体城计划正在展开》,好奇心日报,http://www.qdaily.com/articles/4259.html,2014-12-11.

③ Bex Palmer:*What Is MediaCityUK + Why Should You Care?*,Backstage,https://www.backstage.com/uk/magazine/article/what-is-mediacityuk-why-should-you-care-65626/,2018-12-03.

④ Lina:《全解英国索尔福德大学新生入学事项》,中英网,http://www.uker.net/cjrj/policy/168136.html,2013-05-14.

成为全球首屈一指的数字媒体产业中心,每年为当地经济的贡献超过 2 亿英镑[1]。BBC 带来的新产业引发了一系列连锁反应,为曼彻斯特导入了大量新人口,目前,在曼彻斯特约有 70 000 人活跃于创意数字化媒体技术行业[2],由此带来大量的办公、就业、居住等需求,使得曼彻斯特成为投资人青睐的新热土、媒体人向往的新乐土。

曼彻斯特似乎看起来是一个天生的幸运儿,轻轻松松就"嫁入豪门"。事实上,BBC 和曼彻斯特的结合是一场两情相悦的"姻缘"——**曼彻斯特充分把握住了新媒体时代下 BBC 转型的契机,围绕新媒体时代产业和人群的特点,为 BBC 量身定制了一方理想家园**。从这个意义上来说,BBC 虽是"下嫁",却是觅得妙人儿的幸福联姻!

▲ 配有显示屏的曼彻斯特BBC总部广场(图片来源:华高莱斯拍摄)

---

① MediaCityUK 官网:*ISG relocates to MediaCityUK*,https://www.mediacityuk.co.uk/newsroom/isg-relocates-mediacityuk/,2018-02-05.

② CSI PROP 官网:*Manchester, The Original Modern City*,https://csiprop.com/manchester-original-modern-city/,2017-11-08.

二、姻缘解密：投其所好，曼彻斯特的"求偶攻略"

曼彻斯特是如何讨好"心上人"的呢？BBC 之所以迁出伦敦，是因为新媒体技术带来的数字化浪潮给身为传统媒体的 BBC 以重大冲击。时代变了，媒体的特性也变了，媒体企业和媒体人所需要的成长土壤也随之改变。英国政府在 2005 年春发表的决定 BBC 前景的《皇家宪章审查绿皮书》中提出，在原先五大宗旨的基础上，BBC 要"带动英国广播电视业的数字起飞，成为数字时代的业界领导者"[①]。BBC 顺应转型大势，试图甩掉以往伦敦的腐朽老气包袱，打破封闭枷锁，跳脱原来的限制尝试新东西。曼彻斯特便投其所好、供其所需，从产业和城市上双双发力，为企业造平台，为人造城市，于是抱得"豪门"归。

1. 笼络 B 端——媒体企业的"共享平台城市"

二线城市发展新媒体中心的核心是吸引以面向企业端（以下简称 B 端）用户的企业的聚集。对于曼彻斯特而言，要吸引 BBC，首要任务便是研究新形势下"老豪门"的新诉求，"了解她才能取悦她"。

互联网和新媒体技术快速发展，使得中小企业逐渐遍地开花，媒体间竞争趋于白热化。 相比原来 BBC 在电视和广播领域一家独大的局面，21 世纪伊始，英国电视频道的数量已经增加了不止一倍——已超过 480 个[②]，电台的数目超过 300 个[③]。此外，人们通过计算机和手机等新的方式收看与收听节目，新的互动节目带给变动中的观众和听众全新的体验。自身的垄断被打破，BBC 不得不进行业务重组，并从"闭门造车"转而寻求合作共赢。

节约成本的考虑也使得 BBC 希望通过开放合作以实现"瘦身减负"。 BBC 作为公共广播服务机构，资金主要来自每年向公民收取的执照费、部分商业性收入与极少部分政府资助。雪上加霜的是，2010 年以后 BBC 的电视执

---

① 传播学百科网：《BBC 新媒体战略》，http://www.chuanboxue.org/index.php?doc-view-770, 2009-06-02.

② 数据来源：维基百科 - Television in the United Kingdom 词条，最后编辑于 2022 年 4 月 21 日.

③ Oxford Economics: *THE VALUE OF COMMERCIAL RADIO TO THE UK ECONOMY—A REPORT FOR RADIOCENTRE*, https://www.radiocentre.org/wp-content/uploads/2016/06/The-economic-impact-of-commercial-radio.pdf, 2016-05.

照费被冻结,且政府的财政补贴也日益减少。身家全部在伦敦的 BBC,面临着高昂租金、尾大不掉的压力,正尽一切可能为自己减负,力争每年节约数百万英镑的预算①。除大规模裁员(至少裁掉 6 000 个工作岗位,所占比例超过 BBC 总共 2.8 万名员工的 1/5②)、停播部分传统节目,BBC 一直在寻求"搬家"机会。

数字化媒体时代,"制播分离"带来的去中心化趋势,为广播电视企业迈出一线、进军二线提供了可能。2012 年伦敦奥运期间,虽然比赛场地都在伦敦,但 BBC 有 60% 的奥运新闻都是从媒体城发出的③。新媒体带来的跨区域发展机遇下,BBC 开始从根本上转变自身角色,**从强势掌控一切的"渠道商"变为开放式合作的"平台商"**,不再独立掌握内容制作的所有环节,而是将它们打散外包给一些独立制片公司,以期最大化降低成本。

总之,新媒体时代下,企业变了——"共享"成为新媒体产业的新诉求。在先天的低成本优势上(曼彻斯特的房价也仅为伦敦的三分之一④),曼彻斯特更是为 BBC 等龙头企业搭建了四个极其重要的开放、共享的产业平台。

(1)**服务共享平台——为企业打造全生命周期的"服务站"。曼彻斯特为 BBC 等巨头提供了全环节的外包服务。**曼彻斯特引入了一系列的数字化媒体服务供应商,从内容制作、技术支持、后期制作、媒体存储管理等各个环节为巨头企业输送服务,助其"减压减负"。最知名的要数欧洲领先的媒体系统集成商"码头 10 号(以下简称 Dock10)"工作室,为龙头企业提供全面周到的一站式"保姆服务"。Dock10 不仅为龙头企业提供高质量的内容制作空间,甚至连邀请专业观众等额外服务也一并包揽。它还引入了专业化的后期制作团队,为媒体节目的后期制作提供完美的解决方案。制作完成后,Dock10 还为

---

① 任燕:《英国广播公司即将启动大规模裁员整改》,国际在线,http://news.cri.cn/gb/3821/2004/12/05/1022@381618_1.htm,2004-12-05.

② 任燕:《英国广播公司即将启动大规模裁员整改》,国际在线,http://news.cri.cn/gb/3821/2004/12/05/1022@381618_1.htm,2004-12-05.

③ 魏云峰:《曼彻斯特,英国雄心勃勃的媒体城计划正在展开》,好奇心日报,http://www.qdaily.com/articles/4259.html,2014-12-11.

④ 筑讯中国网:《伦敦房价熄火,曼彻斯特和爱丁堡逆势上扬》,http://www.zhuxuncn.com/articles/180672198.html,2018-06-30.

在此创作的媒体节目提供超大容量、安全方便的媒体存储和数据处理服务，为企业免除后顾之忧。至今，《英国好声音》(The Voice UK)、《足球聚焦》(Football Focus)、《百货店奇遇记》(Are You Being Served?)等众多节目已经在Dock10完成制作并播出。

曼彻斯特还加速孵化企业，形成围绕巨头、众星拱月的中小企业"卫星生态网络"。曼彻斯特充分把握BBC开放转型所释放的产业机会，引入孵化平台，培育中小企业，为龙头企业提供更坚实的产业服务支撑。典型如欧盟赞助、设立的"着陆（The Landing）"孵化器项目，规定必须是从事数字或媒体创业产业的中小企业才有资格入驻，在大公司客户和小企业之间搭建桥梁，通过举办科技媒体相关的各种活动促进双方合作。此外，索尔福德还设立了媒体企业发展中心，为媒体创意企业提供公共实验室、信息交流、人员培训等孵化服务，以鼓励和帮助创意企业的成长。

（2）设备共享平台——为企业提供轻装上阵的"硬件库"。BBC在减负过程中，也不再自持演播室这种重资产、高投入的硬件设施，而探索轻资产运营的可能。曼彻斯特瞄准需求，为其量身定制了设备租赁共享平台。Dock10中建设了英国最大的独立制作中心，其中包括7个设备顶尖的高清摄影棚，最大的规模有1 160 m^2[①]，与BBC、ITV等制作方签订长期合作协议，为其提供场地租赁。在孵化的企业中有一家叫作"锐利项目（Sharp Project）"的项目也通过向大公司提供高精尖的工作室（Studio）租赁服务，既为旗下扶持的中小企业创造了和大客户近距离接触的机会，又让龙头企业能够轻装上阵，大幅度提高设施利用和周转效率。

（3）开放办公平台——为企业营造无边界的"工作生活方式（Work Lifestyle）"。BBC打破枷锁的一个重要尝试是希望开拓新的办公模式。过去伦敦总部的办公室不同部门彼此分隔，不干涉，也不往来。获得政府规划许可的皮尔集团在曼彻斯特索尔福德码头设计BBC的办公大楼时，以交往导向的开放办公环境，加速了企业内的关系触媒。BBC的办公楼（Quay House）号称"没

---

① 魏云峰：《曼彻斯特，英国雄心勃勃的媒体城计划正在展开》，好奇心日报，http://www.qdaily.com/articles/4259.html，2014-12-11.

有任何一样东西是钉在地上的"①，这里的空间完全连通，员工可自由流动办公。随处可休憩的座椅，跳跃的色彩设计，让员工们享受到家一样的舒适办公环境，大大促进了创意想法的迸发和碰撞。

▲ 曼彻斯特BBC总部办公空间（图片来源：华高莱斯拍摄）

（4）人才共享平台——为企业输送即插即用的"人才优盘（USB）"。新媒体行业作为知识密集型产业，对人才的依赖性较强，高流动性的环境尤其对短期人才需求较大。曼彻斯特政府首先扩大人才池，先后引进了索尔福德大

---

① 魏云峰：《曼彻斯特，英国雄心勃勃的媒体城计划正在展开》，好奇心日报，http://www.qdaily.com/articles/4259.html，2014-12-11.

学、索尔福德城市大学和职业技术学院，开设视音频技术、新闻学、动画、游戏等新媒体相关课程，为周边企业输出高质量人才。更重要的是，**以企业为"主机"，以学校为专业存储的"硬盘"，在两大端口之间建立"人才优盘（USB）"传输线，人才可即插即拔、自由取用，校企之间也可实现双向的信息互联。**以索尔福德大学为例，它与BBC合作开展了培养广播电视工程师的"学徒计划"，学徒可获得为期三个月的工作实习机会，以战代练。通过校企联动，既为学生提供了大量实践机会，又大大满足了企业对短期人才的需求。

曼彻斯特通过紧抓BBC等B端媒体巨头转型的"共享"需求，从服务、设备、办公、人才等方面为BBC、ITV等提供全方位的共享平台，从而形成了一片"水草肥美"的新媒体产业成长沃土。在巨头之外，还吸引了250多家中小型媒体企业的聚集①，构建了链条开放的媒体产业生态。

2．收服C端——新媒体人的"秀场舞台城市"

新媒体的传播对象是"个体用户"（以下简称C端用户），用户带来流量，流量产生效益。这决定了新媒体中心的打造必须采用"C端思维"，以用户需求为导向来设计城市。曼彻斯特除要取悦BBC外，还要征服"老豪门"的"新用户"。

传统媒体时代下，媒体和用户的关系是单向化的，消费者用户被动接受来自生产者（报纸、电视等的编辑、制片人等）和传播者（电视台等）的信息灌输。而新的互联网技术下，信息传播的固定链条被颠覆，人人都可以是生产者，人人也都是传播者，此谓"众媒"。众媒时代下，新媒体用户需求表现出三大特质：第一，**人人可参与**。你可以自己动手做（DIY）一个自己的专属电台节目，也可以随时成为网络主播，直播自己的生活……新媒体为"草根秀"提供了参与和展示的平台。第二，**人人可表达**。你可以在脸书（Facebook）上表达对某个事件的支持，也可以在照片墙（Instagram）上自由分享照片，新媒体为每个人都提供了一个可发声的"麦克风"、可展示的"照片墙"。第三，**人人可传播**。每个人在扮演信息源的同时，也充当着传媒介质，加速信息的二次传播，如点赞、转发等行为。借助新媒体人和用户个性化参与、多元化展示、爱

---

① 涌正投资：《BBC为什么要把新总部迁到这里？》，搜狐，https://www.sohu.com/a/136328903_387419，2017-04-25.

秀爱分享的特质，众媒时代下实现了所有人对所有人的传播。

曼彻斯特没有简单地将索尔福德媒体城打造为一个只满足"柴米油盐酱醋茶"的生活地，而是充分抓住了新媒体 C 端用户的特点，为他们营造了一个随时可参与、随处可展示的"秀场舞台城市"。

（1）城市即"摄影棚"：公开户外录制，强化参与的"现场感"。

媒体城在户外预留了大片的开放空间，包括媒体公园、多功能广场等，除满足市民的日常交往和休闲需求外，更重要的是将"秀"写在脸上——节目录制被搬到户外，发布活动被搬到户外，不仅将新媒体产业的气质外化于形，为媒体城贴上了鲜明的标签，也制造了人气。

处处可拍摄。媒体城开阔的户外空间、时尚的楼宇设计、优质的环境为节目拍摄提供了最佳场地和背景板。游走在媒体城，经常可以偶遇各式节目的拍摄团队。英国时尚达人古克·温（Gok Wan）的服装秀、英国好声音、铁人三项等众多节目和比赛都在户外完成了录制。通过处处可拍摄，传统的封闭节目制作变得透明化，城市俨然变成一个露天大摄影棚。市民和游客与电视中的名人近在咫尺，亲眼看见节目录制过程，从而获得一种"现场参与感"。

处处可发布。媒体城宽广的空间为各种媒体事件、时尚发布、大型集会的举行提供了场所。为了满足实时发布需求，广场上设有双面电子屏。还点缀了多处座椅，让人们可随时驻足观看。在夜晚，射向夜空的 350 盏计算机控制 LED 探照灯、引人注目的 20 米高雕塑照明杆[1]，更是化为酷炫背景，大大提升了夜间活动的魅力。

（2）城市即"探秘地"：旅游特色植入，促进二次传播。

传统媒体的单向传播链，使得用户和传媒企业之间"可望不可即"，只能观瞻到台前的"光鲜"。新媒体时代下，C 端的用户渴望亲近 B 端的"幕后"，获得互动式、参与式的深度体验。结合此种趋势，媒体城和 BBC 等企业合作，把封闭的龙头企业变成了面向大众的旅游景点，让新媒体后台不再神秘！

推出探秘之旅，近距离感受节目制作流程。媒体城将知名企业串联成线，

---

[1] Damian Holmes: *MediaCityUK | Salford UK | Gillespies*，World Landscape Architecture, https://worldlandscapearchitect.com/mediacityuk-manchester-uk-gillespies/2011-11-23.

▲ 曼彻斯特媒体城户外拍摄现场（图片来源：华高莱斯拍摄）

打造媒体城互动体验式旅游（Media City UK Interactive Tour），并实行一站式通票游览。游客可参观广播六台音乐频道（Radio 6Music）、BBC 早餐、BBC 体育等工作室，亲眼看见新闻是怎么产出的。还可以在 BBC 旅游（BBC Tours）互动工作室，成为天气预报的主持人，制作自己的天气新闻，或者体验到令人兴奋的互动广播剧体验。对于其中的儿童和家庭人群，还可走进 BBC 儿童频道（CBBC 工作室），触摸热门少儿节目的道具，或者变身为"小小播报员"。

制造参与节目机会，让素人变"网红"。 BBC 向媒体城开放渠道，游客可以报名成为所喜爱节目的观众，由此吸引了不少粉丝远道而来。除此之外，有才艺者还可以参加《不可能》（Impossible）、《省钱购物指南》（Shop well for less）、《一周卖掉你的房子》（A week to sell your house）等各类"真人秀"节目，展示自我。

复制影视场景，发展剧情旅游。 在 ITV 电视台播映的《加冕街》，是英国电视史上最"长命"的连续剧，收视率稳居前二，广受大众欢迎，甚至被英国女王视为最喜欢的连续剧。故事发生在虚构的"威瑟福德"小镇和"加冕街"中，节目拍摄主要都是在搭建的片场中完成。但因为演出太过轰动，且四十年中从未中断播出，媒体城在索尔福德码头打造了一条真实的加冕街，在剧情拍摄之外，还成为粉丝们的朝圣旅游地。粉丝们可参观幕后场景，在流浪者归来酒吧（Rovers Return）照相留念，聆听剧中故事，并了解这部全世界仍在播出的最长肥皂剧的各种信息。

媒体城通过一系列的旅游化打造，吸引了众多粉丝和游客到此一游。**参观之后，游客往往会在旅游网站、社交媒体上分享感悟和上传评价，又加速了媒体城的二次传播。**媒体城获得了猫途鹰网站 2016 年的旅游卓越奖，成为知名旅游目的地。

（3）城市即"大舞台"：**全域秀场空间，随时随地秀自我。**

除将新媒体产业外化于形外，媒体城还将新媒体技术渗透进城市日常休闲生活，以酷炫的新媒体技术打造多重秀场景，为新媒体人提供潮玩酷炫的数字生活体验。

随时随地的"生活秀"。 在媒体城，市民和游客可以换着花样秀生活。在帝国战争博物馆，除享受融合声光电技术的多媒体视听盛宴，特定时候，博物馆还摇身一变成欢乐的市民休闲中心，市民可在此举办宴会、派对等活动，在 3D 投影的巨幅影像秀——"The Big Picture Show"中定制自己的浪漫影像。还可以在劳里奥特莱斯购物中心广场前的美食集市上，小试牛刀，秀出自己的厨艺。

随时随地的"美拍秀"。 在政府主导下，索尔福德码头每年都会举办光波艺术节（Lightwaves Digital Art Festival），设置丰富的新媒体景观艺术装置，成为人们争相合影的对象。名为"侵入（Intrude）"的巨型充气兔子装置成为最受欢迎的合影"网红"之一。这些作品同时非常注重和市民的互动，激发市民的表演欲和展示欲。如作品《镜子大教堂》（*Cathedral of Mirrors*），外观看起来像大教堂内的彩色玻璃窗，内部装有运动传感器，根据人们的运动会变换色彩；作品"100 张脸和地点（100 Faces & Places）"秀出了 100 张搜集而来的曼彻斯特面孔和地点的照片。人们在参与之余，纷纷拍照留念，在网上纷纷刷屏。

总之，新媒体时代下，新媒体产业表现出强烈的"众媒"属性。在 C 端思维下，曼彻斯特通过在城市搭建各种"舞台"场景，让新媒体人纷纷"登台唱戏"，充分释放爱玩爱秀的天性，秀出自我，秀出个性，从而成功地锚固了这批 BBC 为代表的新媒体人，并吸引了更多的新媒体用户聚集。

曼彻斯特的成功，并非偶然，而是敏锐地捕捉到新媒体时代下老牌豪门 BBC 的转型需要，精准地挖掘了新时代下媒体企业和媒体人的需求，从"一无所有"到辛苦深耕，终于迎娶"豪门"，成就了新媒体行业的一段传奇佳话。

在中国，新媒体产业快速成长，去中心化的趋势越来越明显。**去中心化的过程，也是形成新的新媒体中心的过程，对二三线城市来说是重大机遇。**

国内如央视、地方卫视等如 BBC 一样的传统媒体巨头，在新媒体的冲击和挤压下，也在纷纷转型。但"老豪门"外迁毕竟千载难逢，可遇不可求。受制于国内现实，中国的二三线城市，或许并不能如法炮制曼彻斯特的好运气。但令人欣喜的是，随着新媒体行业的重新洗牌，越来越多的媒体"新豪门"如雨后春笋般崛起，占据着半壁江山，自身拥有着强大的产业资源并存在外溢可能。

不同于国外消费结构固化下媒体产业有限的创新，如 BBC 这样基于媒体产业特色与需求的更新升级，国内新媒体产业的成长更加大刀阔斧，不断跨界外溢、合作。随着近年来国内消费需求、商业需求的扩大、升级，电商、电竞等新锐产业飞速发展、日趋成熟，都为媒体"新豪门"产业资源的外溢提供了肥沃土壤。

我们有理由相信，当机遇来临时，二三线城市只要抓住新媒体时代产业特点和规律，为这些"新豪门"量身定制产业和城市，也将崛起为新的媒体中心，成为下一段传奇！

▲ 首尔大学路（图片来源：华高莱斯拍摄）

文化共享，溶解大学围墙——首尔大学路文化艺术区

文｜覃文奕　总监

说起大学路,想必大家并不陌生。北京的学院路就是名副其实的大学路,助推中国工业经济起飞的农、林、地质、矿业、钢铁、医学、石油、航天八大学院沿途分布。其中中国农业大学、北京航空航天大学、北京大学医学院更位列首批13所副部级大学,其地位可见一斑。宽马路、高围墙、大白杨——这是对学院路的第一印象。

说起百老汇,那更是耳熟能详。"白色大道"上云集了约40家剧院,17家剧院在1 000座以上[1],剧目制作精良,运营成本也因此高企。以2010—2011年度演出季为例,剧目平均制作成本在486万美元,总运营成本7.94亿美元[2]。大场面、高规格、大手笔——可以说是百老汇的真实写照。

那么"大学路"加"百老汇"会是什么样呢?首尔大学路就是这样一个存在!首尔大学路周边聚集着首尔大学医学院、成均馆大学、韩国放送通信大学等高校,大学路上有超过150个小剧场——数量是外百老汇的4倍之多!大约80%的韩国剧院销售额在这里完成,70%的剧院从业者在这里创作[3]。首尔文化财团和首尔话剧中心2013年12月发表的《2013大学路话剧实况调查》中提到,2012年平均每天在大学路上演话剧和音乐剧679篇,比前两年增加了28.6%,观看人数为456万人,增加了46.5%,上座率达61.9%[4]。首尔大学路成了韩国人心目中"话剧的麦加"。

一、共享发展,更经济的城市文化打造之法

以话剧为主题打造城市文化区,全球并非"只此一家"。北京天桥演艺区也以戏曲、演艺为核心,积极重塑城市文化中心,打造中国版百老汇。2018年

---

[1] 杜丽虹.从百老汇到伦敦西区的启示[J].证券市场周刊,2017(11).
[2] 张蔚.从数字看美国百老汇戏剧[J].戏剧(中央戏剧学院学报),2013(5).
[3] 陈晨.韩国政府如何打造首尔"百老汇"[N].东方早报,2014-05-07.
[4] 于婉莹.韩国人爱上小剧场[N].新民晚报,2016-07-29.

4月12日，天桥盛世集团发布了《2018年天桥演艺区重点演艺内容和改造规划》，打造北京文化消费重地。从杂耍到正规戏曲表演等各类活动都能在此找到理想环境，新老文化在充满活力的城区交汇融合！只是，仅这一版规划就预算150亿元[①]。这可不是所有城市都有的豪气……

反观首尔大学路，同样是发展演艺文化，却被诸多杂志、报道评价为："政府没有兴建一座剧院，就打造了韩国最著名的戏剧文化地标！"[②]不怎么花钱，就成功利用演艺文化形成城市文化区，大学路采用了更经济的打造之法——共享发展。

▲ 首尔大学路入口标志性雕塑　（图片来源：华高莱斯拍摄）

共享当然也不是大学路的独创，北京大学拆掉围墙，一度成为城市共享发展的经典案例。1993年3月4日，北京大学拆除南墙，迎来了媒体的欢呼——"北京大学告别的不仅仅是一堵围墙，也许还是一个'围墙的时代'！"专家

---

① 牛春梅. 天桥投150亿建文化消费重地［N］. 北京日报，2018-04-13.
② 陈健莹. 管窥韩国音乐剧产业化之路——首尔、大邱音乐剧节调研之行［J］. 歌剧，2014（8）.

号召的"拆掉围墙融入城市"似乎成了现实。只是8年后，北京大学又决定把南墙再垒起来。在现实操作中，大学与城市的共用不共享，产生的是矛盾激化，而不是城市文化。

看来，共享发展，不是简单一道围墙的事儿。事实上，首尔的大学校园纵然没有实体围墙隔离，但仍是相对独立的区域，并不讲求与城市完全融合。比起欧美大学与城市共生的模式来说，其发展是与我国更为相似的校园模式。那么，在有一定空间隔离的情况下，并不怎么花钱就实现了文化共享，首尔大学路是如何做到的呢？

二、规划溶解围墙，引导文化外溢

首尔大学路的发展离不开政府的主导。"大学路"之名取自韩国最高学府——首尔大学。1975年，首尔大学除医学院，其他院系全部迁至冠岳校区，但大学路人气并没有下滑。这是因为在民主化运动盛行的20世纪80年代，韩国的年轻人想要通过音乐剧、话剧传达信息，对于话剧场地的需求激增。

而随着首尔大学迁出，大学路沿街餐饮店面也纷纷迁走，该区域店铺租金锐减。分布在大学路周边以成均馆大学为代表的艺术院校顺理成章地选择大学路作为展开小剧场运动的大本营。政府就此将大学路作为以戏剧为特色的文化街区展开规划，并于1985年5月5日正式将其指定为大学路文化艺术街区。此后大学路的发展中，政府也一直持续不断地发挥着重要的作用。**但政府并不是靠拨巨款支持地区建设、推动地区发展。相反，政府放弃了大兴土木，而是清清楚楚地想好两件大事——**

1. 保地价还是保风貌？

保留大学路的文化，很重要的是保留首尔大学的文化和大学聚集区的文化。因此，即使是扼守"市中心、地铁旁"的绝佳区位，政府依然坚持从一开始就禁止诸如KTV等不符合青春与文化气质的娱乐场所入驻，放弃了保地价。[①]

那么，风貌又该如何保呢？将校园建筑整体保留是不可能的——否则首尔

[①] 符号.首尔大学路演艺集聚区发展模式浅析[J].现代经济信息，2017（9）.

大学的外迁就失去了意义。政府提出要着力保留当初首尔大学带来的青春洋溢、蓬勃向上的文化环境，并塑造具有学院范儿的区域氛围。为此，政府选择了——**保留部分遗迹，树立文化标识**。

政府规划保留首尔大学旧部的一栋建筑，并用作韩国文化艺术委员会（한국문화예술위원회，Art Council Korea，ARKO）办公场所。ARKO 坚持"左右韩民族命运的决定性力量取决于其民族的艺术和文化创意力"，与大学路保住文化高地的期望完全契合，作为文化地标再合适不过。此外，政府规划将首尔大学的原址制作为微缩景观供人参观，以了解大学路曾经的大学时光。区域内还散布着诸如刻有五友歌的石碑等文化雕塑，延续着校园文化。

▲ 首尔大学保留建筑，现作为韩国文化艺术委员会办公场所（图片来源：华高莱斯拍摄）

与此同时，政府还采取了**少量兴建地标，奠定区域基调**的原则。具体而言，政府特邀韩国著名建筑师金寿根操刀，打造区域标志性建筑——韩国文化艺术委员会建筑群，采用大尺度红砖建筑延续学院安宁、静祥的特点，保证区域的学院范儿①。政府后续发布规划导则，但只限制建筑高度、面积，留给开发商一定的发挥空间②。在标志建筑锚定、规划导则控制的双重作用下，大学路新增建筑多为二三层的红砖建筑，整齐却不失个性，彰显着青春与文化。

2．搭戏台还是搭平台？

如果选择搭戏台——政府出资打造剧场群，不仅需要大笔财政资金的投入，还面临着土地权属纠纷等更为复杂的问题。于是，首尔大学路另辟蹊径，走出了一条"艺术机构搭平台，开发商建戏台"的道路，以最经济的手段引导文化外溢。

（1）孵化平台引领。韩国文化艺术委员会建立并运营韩国文化艺术委员会艺术剧场、大学路艺术剧场作为表演艺术的孵化器。这两个艺术剧场提供了可容纳100人左右的低价表演空间和练习室。练习室包含不同规模的工作室（180～240平方米）和排练厅（240～270平方米），与练习室配套的会议室、阅览室、淋浴房等也一应俱全③。剧场通过提供租赁500座以上的中规模剧场，获得部分资金，作为低价运营孵化器的补充资金。

平台不仅孵化戏剧表演者，也致力于孵化优秀作品。韩国文化艺术委员会提供了强大的平台支持不同学科的艺术作品，包括文学创作、视觉艺术、表演艺术、传统艺术、跨领域艺术等多个方面。通过审查的原创性和实验性作品，能够获得其制作成本50%左右的资金补贴。

（2）展示平台跟上。在韩国文化艺术委员会艺术剧场、大学路艺术剧场率先吸引了一批年轻戏剧人之时，政府抓紧制定激励政策，鼓励开发商建设小剧场。政府规定，如果开发商在此盖的楼房中包含剧场，在审批手续上能够简化烦琐程序，并且获得更多的建筑面积赠送。之后，运营过程中的增值税、营业税和各项附加税也能得到相应比例的减免。加之国家一再放宽剧场设施建设要求，如《城市公园法》（1999年12月）、《与开发限制区域的制定和管理

---

① 周世雄，崔征国．建筑之心——韩国的金寿根［M］．北京：尚林出版社，1984．
② 万麦．文化视角下的高校"学生街"建构［D］．广州：华南理工大学，2015．
③ 韩国文化艺术委员会官网（Arts Council Korea）：https://www.arko.or.kr/eng/index．

▲ 韩国文化艺术委员会艺术剧场 （图片来源：华高莱斯拍摄）

有关的特别措施法》（2000 年 1 月 28 日）等，放宽了体育公园、开发限制区域建设演艺设施的规定①，开发商建剧场的热情被进一步调动起来。100～300 座的小剧场一时间涌现，年轻人有了充足的表演空间。

（3）交流平台提升。随着小剧场发展到一定程度，大学路不再满足于本土化的自娱自乐，韩国艺术管理支援中心（예술경영지원센터，Korea Arts Management Service，KAMS）成立。该中心除调查韩国演出设施、剧团、负责表演艺术的行政机构和分析本国市场趋势外，更提供了线上、线下的国际交流平台，以提高韩国表演艺术的竞争力②。

韩国艺术管理支援中心通过举办首尔艺术市场（Performing Arts Market In Seoul，PAMS），提供线下交流平台。首尔艺术市场以大学路为主要场地，

---

① 姜锡一，赵五星. 韩国文化产业［M］. 北京：外语教学与研究出版社，2009.
② 韩国艺术管理支援中心官网（Korea Arts Management Service）：http://eng.gokams.or.kr.

在韩国文化艺术委员会艺术剧场、儿童剧场、弘大艺术中心等场馆内举办舞台表演、快闪舞台、专题研讨、沙龙研讨、首尔艺术市场之夜、展位展览等一系列活动，促进韩国和国际演艺文化交流①。2018 年，共吸引了 2 203 个韩国代表和 434 个海外代表参加。

韩国艺术管理支援中心还建立了韩国当代艺术国际交流平台——The Apro，促进线上交流。该平台提供有关韩国表演艺术界与其他国家之间众多国际交流的详细信息，并为表演艺术专业人士在全球范围内开展会议提供机会，建立了促进艺术人士交往的信息网络。

首尔大学路没有硬性地让任何一个大学与城市建设相融合，也没有用政府金钱堆砌出大量明星建筑。而是通过控制风貌，形成了青春、文化的区域氛围；通过搭建平台，为年轻的戏剧人提供了从创作到表演的全过程支撑。

三、大学共享文化，城市共同受益

城市为大学提供了学院范儿的区域氛围和体系化的培养平台，那么，大学又与城市共享了什么呢？是青春，是文化，是时尚！文化走出校园走上大学路，形成了地气十足的生命力。

1. 释放青春，为区域提供活力

初出校园的年轻人，或许没有最出色的演技，或许没有最成熟的作品，但他们有着无限的青春与激情。大学路的露天公园、艺术节庆往往成为艺术专业学生走出学校的第一个舞台。大学路也因此成为年轻人释放青春活力的大本营，并被政府官方定为"首尔文化的展示地"。

以马罗尼埃公园——韩国文化艺术委员会建筑群所围合的中心广场为代表的公共空间，是年轻人最喜欢的露天舞台。公园内经常举行业余歌手演出，随处可见年轻人练舞的身影，使公园处处洋溢着青春的气息。

大学路的文化节也是学生展示自我的舞台。每年 5 月都会举办以大学生为中心的"大学路文化节"。文化节的活动主要在大学路和成均馆大学一带举行，

---

① 首尔艺术市场官网（Performing Arts Market In Seoul）：http://en.pams.or.kr/main.asp。

▲ 马罗尼埃公园广场 （图片来源：华高莱斯拍摄）

可观看以大学生为主创作的各种公演和展示。此外，4月的"首尔戏剧节"、世界青少年戏剧协会（ASSITEJ）夏季戏剧节、8月的"首尔文化之夜"、9月的"钟路区优秀戏剧展""欢迎来到大学路（Welcome Daehak-ro）"等高密度的节庆活动既是学生的展示场，也成为市民娱乐消费、外国游客流连的好去处。

大学路的街头巷尾则是学生的创作空间，年轻的戏剧人在此与观众零距离交流，激发创作灵感。这里布满了发"小广告"的年轻戏剧人的身影，白天他们放下身段把自己当作"小贩"，拿着话剧演出的宣传页，在地铁站出口、大学路小岔口往路人手里塞，与路人聊天。通过更多地接近观众，获取观众的反馈，以获取创作的素材。而观众与演员的零距离接触，也让观众能够更快地融入这种青春活力的氛围。

2. 磨炼自身，为区域丰富文化

大学路的上百个小剧场，则是学生们迈向演员的进阶。韩国影坛"三驾马车"之一薛景求曾经这样描述："只有站在了大学路的话剧舞台上，你才知道什么叫作真正的表演。电影开机后你可以很多次地 NG，但是话剧开演了，你就必须一丝不苟地去对待。"将话剧舞台作为从学生走向演员的道路，因而成为很多艺术院校的选择。在艺术领域颇有建树的弘益大学、祥明大学、韩国艺术综合大学、同德女子大学都纷纷在大学路成立艺术中心，作为学生课外实践的最佳舞台。在演员们打磨演技与作品的同时，观众可以品味台上演员的激情演出，欣赏不同题材与视角的精彩作品，丰富市民的文化生活。

大学路以中小型剧场居多，在狭小的空间中，观众所给予演员的反馈能够更加刺激演员的表演欲望，从而使演员发挥更投入的表演状态。由于小剧场空间小，舞台和观众席基本没有明显的界线，大部分剧场第一排的观众和演员近在咫尺。许多话剧都把演员和观众的互动作为重要的环节，有些话剧甚至让观众加入表演，打破了演员、舞台、观众之间的距离，让现场观众置身于故事之中。演出结束之后还可以在舞台上与演员们合影，这种亲切的氛围成了大学路的独特魅力。

一个作品不可能在诞生时便完美无缺，大学路也是学生打磨作品的最佳场所，而观众也因此能在大学路看到更多新生代的实验剧目。小剧场的互动性有助于收集观众的反馈，并随演随改，推动作品在市场的帮助下不断完善。大学路的剧本多描写的是小人物的平常生活、小故事，充分考虑到现代城市打拼的人社会压力大、人与人之间缺乏沟通的状况，对快节奏生活带来的焦虑、水泥森林的阻隔、各行各业的人才竞争等社会热点、难点、焦点进行还原或放大，让观众产生强烈的共鸣，以最快的速度融入故事主题中。同时，让观众有一个了解他人思想、审视自己内心、排解寂寞的机会，在日常劳累的工作后，丰富自己的文化生活。

3. 带动时尚，为区域塑造名片

作为年轻人聚集地，最明显的正向效应是让大学路越发时尚——以年轻

▲ 大学路的小剧场 （图片来源：华高莱斯拍摄）

人为消费群体的文艺小清新品牌绝不会放过在大学路布局。国际化餐饮——韩式、中式、西式不一而足，个性化商店——戏剧道具、原创手工琳琅满目。大量的时尚店铺穿插于小剧场之间，为大学路塑造了潮流、时尚的区域名片。

年轻人聚集的另一大效应是咖啡馆云集。咖啡馆曾是作家、艺术家讨论剧本的重要基地，而如今咖啡文化已经成为年轻人的生活方式。大学路聚集了数百家咖啡馆，如艺术咖啡厅、图书咖啡厅、猫咪咖啡厅等，各具特色。为了迎合年轻人青春、时尚的特性，这些咖啡馆通常会取年轻人与文化区的"最大公约数"——青春、文化、时尚相融合。以文学作品为名、以艺术书籍为主、以现场音乐为伴，这些看似新颖的打造手法在大学路都是常规操作。营业近60年的学林茶馆是大学路咖啡馆的代表。其名称来源于首尔大学文理学院的庆典"学林祭"，由于受到学生、教授们的喜爱被称为首尔大学"第二十五学堂"。茶馆至今仍保持着20世纪七八十年代的学院气质装修，收藏了一万多张黑胶唱片。同时,学林茶馆又在时代变化中逐渐开放,参与《继承者们》《来自星星的你》的拍摄,一跃成为"网红"。品着咖啡,吃着蛋糕,聊着对即将开场的话剧的期望或是方才观剧后的意犹未尽,已经成为大学路的重要体验环节。

▲ 大学路上的时尚业态 (图片来源:华高莱斯拍摄)

城市向大学共享学院范儿的城市风貌、展示自我的多样舞台,大学与城市共享活力的区域氛围、文化的区域生活、时尚的区域名片。首尔大学路用文化共享,溶解大学围墙,从一条大学聚集区的过境道路发展为城市文化地标。

高校围墙到底该不该拆的讨论数十年未果,以文化探路老城复兴又遇经济难题,不妨试试"既不用拆围墙,也不花很多钱"的大学路打造秘籍——政府主导,机构搭台,开发商参与,让城市为大学搭台;鼓励学生将青春、活力、时尚带进城市,让大学与城市分享。

▲ 台湾大学（图片来源：华高莱斯拍摄）

从"深闺美人"到"大众情人"——台湾大学博物馆群的城市共享之路

文 | 毕　昕
　　 沈依依

一、大学博物馆，绝色美人的深闺养成记

随着《国家宝藏》的热播、"抖音戏精文物"的火爆，各大城市博物馆的珍藏俨然已经成为"网红"，受到了大众的极力追捧。很多鲜为人知的国宝翻身C位出道，引来无数喝彩。但是还有很多宝贝，例如，世界仅存两架之一的P-61"黑寡妇"战斗机，价值不菲的唐代三彩鸳鸯壶，我国第一代电影放映机……就算走遍各大城市的博物馆也难寻踪迹。因为他们根本不在城市博物馆里，而在大学校园中！

上文所提到的"黑寡妇"战斗机，其实就存放于北京航空航天博物馆。这座博物馆隶属北京航空航天大学，是我国首个航空航天科学技术的综合科技馆。最初只是北京航空学院的飞机结构陈列室和飞机库，供师生教学使用。后来，为了进一步扩充大学的实践教育基地，于1985年正式成立北京航空馆。随着学校学科优势与特色文化研究的不断推进，其展品也得到不断的丰富。2012年，北京航空航天大学甲子校庆重新开馆并更名为北京航空航天博物馆，发展至今，除直接承担航空发动机、飞机结构、起落架结构、导弹结构、航天器设计等核心专业课的教学实践任务外，还珍藏了30余架中华人民共和国成立前的美、苏等国飞机和导弹，特别是"黑寡妇"战斗机世界仅存两架，其他展品多数为国内唯一，珍藏数量和等级全国航空界首屈一指[1]。

类似的还有北京服装学院的民族服饰博物馆，看似体量不大，但它可是中国第一家服饰类博物馆，通过学校在此方面的长期积累及各界社会人士的捐赠，至今也已收藏了中国56个民族的服装、饰品、织物、蜡染、刺绣等传统民族服饰精品10 000余件，同时，还收藏了上千幅20世纪30年代拍摄的极为珍贵的民族考察图片资料。博物馆内展出着汉族的六色缎百衲衣、彝族的贴补绣

---

[1] 数据来源：澎湃政务《听说你想"上天"？这里有份攻略》，北京科协，https://m.thepaper.cn/baijiahao_5104574，2019-11-29.

▲ 北京航空航天博物馆（图片来源：全景网）

女衣裤、赫哲族的鱼皮衣、瑶族的狗尾衫等各种濒临失传的传统服饰[1]。

据不完全统计，目前，全国已有近 400 座大学博物馆[2]，其藏品之和已超过故宫、陕西博物院、河南博物院等 7 座知名大馆总和[3]。尤其是一些类似于北京航空航天大学、北京服装学院的专业性高校，其藏品珍贵程度丝毫不次于任何城市博物馆。

可惜的是，这些"美人们"生在大学、养在大学，至今只能在象牙塔里顾影自怜。即便少数大学博物馆已经逐步对城市敞开大门，但是大众对她们的认知少之又少，甚至都不知道这些博物馆的存在，更别说有"远赴千里，只望见

---

[1] 北京服装学院民族服饰博物馆官网：http://www.biftmuseum.com/about.
[2] 中国日报网：《近四百座大学博物馆如何迎客》，https://baijiahao.baidu.com/s?id=1597608446986411436&wfr=spider&for=pc，2018-04-13.
[3] 央广网：《河南高校博物馆藏品丰富价值高利用率却不足两成》，http://hn.cnr.cn/hngbxwzx/20150423/t20150423_518380276.shtml，2015-04-23.

美人一面"的冲动了。如果你为上述这些宝贝哀叹"深宫寂寞",那么你可能不知道:高校博物馆参观人数寥寥,利用率不足两成。因为各种原因,这些"睡美人"一直藏于"深闺",不知让多少人错过了这一直被深埋在象牙塔里的"倾城容貌"……

二、在知识全民共享的新时代下,美人走出深闺已是万众所期

但是,这种"金屋藏娇"并不符合社会发展的诉求。从社会职责上说,博物馆作为城市全民科普的前沿阵地,无疑是国家关注的重中之重。习近平总书记在全国"科技三会"上明确指出,"科技创新、科学普及是实现创新发展的两翼,**要把科学普及放在与科技创新同等重要的位置**"[1]。这不仅对新形势下的科普事业提出明确要求,也为推动科普全民化提供了有力指引。

2015年正式实施的国务院《博物馆条例》中有一个调整看似不起眼,却影响深远。《博物馆条例》将博物馆的三大目的由"研究、教育和欣赏"变为"教育、研究和欣赏"[2]。"教育"被提到首位,意味着博物馆的公共教育的责任更加重大,更应成为城市的一所"终生学校"。

大学博物馆从诞生之初便天生带有"教育"的基因,承担着社会启蒙教育的职责。纵观世界上具有悠久历史传统的顶尖大学——美国哈佛大学,英国剑桥、牛津大学,日本东京大学,德国海德堡大学等,皆耗费巨资定期对大学博物馆进行一轮又一轮的修缮与更新,一方面是对其学术成果及文物收藏的系统化展示;另一方面也作为研究教学的素材,并借由导览活动赋予教育推广功能。因此,让大学内的博物馆向社会充分地开放,是大学博物馆的重要职责。

从社会经济发展而言,现在的共享经济模式已经为社会各种资源之间的合理流通提供新的合作模式。因此,通过"共享"的新方式让大学博物馆成为城市中为全民所享的公共文化资源,已经成为可能。

---

[1] 中国新闻网:《习近平:把科技创新摆在更加重要位置》,https://www.chinanews.com/gn/2016-05-30/7888171.shtml,2016-05-30。
[2] 中国政府网:《博物馆条例(国务院令第659号)》,http://www.gov.cn/zhengce/2015-03/02/content_2823823.htm,2015-03-02。

2017年，纽约大都会艺术博物馆已宣布将其收藏的37.5万件藏品的高清图像资源免费开放版权，优质的资源正在免费向全民共享[①]。只要观众有需要，可以免费下载并不受限制地使用和分享这些高清图像，这样的做法无疑拉近了博物馆与大众的距离，并且达到了一定程度全民科普的效果。

既然是"共享"，那么大学博物馆对公众开放，就绝对不仅仅是让高校把"美人们"从深闺推到台前，分享给了更多的民众。在这个过程中，借助社会的集体智慧与力量可以为这些大学博物馆的建设发展提供更多实际的价值兑现——除能提升大学本身的知名度与学术地位外，更增加了校园在社会大众中的公共性与影响力。

当然，就像电影《后会无期》中所说的"听过很多道理，依然过不好这一生"。这篇文章要给大家介绍的绝对不仅仅是大学博物馆为什么要融入城市，走进群众，实现城市共享，而是要探求如何才能做到大学博物馆真正实现与城市的共享。

要知道，大学博物馆的城市共享并不是一句简单的"面向大众免费开放"就能彻底实现的。国内诸多大学的实践证明，这种单方面的宣布共享所收获的效果基本微乎其微。这些博物馆仍然长期无人问津。那么问题出在哪呢？是这些大学的"深闺美人们"还不够美吗？当然，这可能是其中的一个原因。但是可以肯定的是，问题不仅仅出在这里。

在推倒院墙进行城市共享的初期，这些长期身居象牙塔的博物馆，由于涉世不深、体量过小等天生缺陷，导致大众缺乏对于她们的基本认知，大众不知当然"无以成游"。更为重要的是她们涉世初期存在着面向社会开放经验不足、缺少专项资金和专业管理队伍、藏品价值没有充分开发、展览方式陈旧、与观众互动性差等诸多发展瓶颈。大学博物馆的城市共享之路可谓是层层受阻。

那么到底应该如何才能做好大学博物馆与城市之间的文化资源共享，让大学博物馆真正成为城市中重要的文博区组成部分呢？坐落在台北的台湾大

[①] 搜狐网：《纽约大都会博物馆免费开放37万件藏品版权》，https://www.sohu.com/a/126698630_114886，2017-02-20。

学博物馆群的发展之路会给我们一个全新的答案。

三、台湾大学博物馆群的重新呼吸：美人走出深闺，整座城市都为之倾心

台湾大学（National Taiwan University），简称台大（NTU），成立于1928年，是坐落于中国台湾省台北市的一所研究型公立综合性大学，素有"台湾第一学府"之称。其前身是日本统治时期所建立的"台北帝国大学"，为当时日本建立的九所帝国大学之一。1945年，台湾光复后，改名为"台湾大学"。1949年，蒋介石政府迁往台湾后，台大取代了当时尚未在台复校的中央大学，成为台湾地区教育主管部门资助经费最多的一所大学。截至2013年12月，台大校区分布于台北、宜兰、新竹、云林以中部高山地区，学校地面积约为3.4万公顷，约占台湾地区总面积的百分之一①。

如此实力雄厚的高等学府，其博物馆无论是数量还是藏品的质量，都是令人侧目的。台湾大学博物馆群由校史馆、人类学博物馆、地质标本馆、物理文物厅、昆虫标本室、农业陈列馆、植物标本馆、动物博物馆、档案馆及医学人文博物馆等组成。这10多个小型博物馆散落在校园各个角落。

▲ 台湾大学史馆内景（图片来源：华高莱斯拍摄）

---

① 台湾大学官网：https://www.ntu.edu.tw/about/about.html.

2007年11月，台湾大学博物馆群正式向社会开放。如今，这里已经成为全台湾地区最炙手可热的大众景点之一。**之所以能取得如此成功，是因为台大以四个"合一"成功打通了台湾大学博物馆群的城市共享之路。**

1. 多力合一：集合校内外的多方力量，从零开始

早在1995年，台湾东帝士集团便计划出资十几亿元台币，赞助台大兴建一座集中式的大型博物馆，拿到了这笔巨额"天使资本"投资后，台湾大学博物馆启动了重要的筹备工作，花了一年左右的时间，到各院系访谈，发掘校内珍贵的宝藏①。许多被遗忘的珍贵记忆，在这次梳理中得到挖掘，得以重见天日。**虽然这所理想中的大型博物馆最终并没有落地，但是这次投资为日后博物馆群的集合打下了基础。**

紧接着在2007年，台大率先实施"数位典藏计划"（Digital Archives Project of National Taiwan University），将人类、地质、昆虫、动物、植物、物理等系所的资料和档案通过数字化方式（摄影、扫描、影音拍摄、全文输入等）进行存储。因为这些数字化、建档过后的资料，各标本室才有机会看见彼此，打开日后跨领域合作的契机②。**可以说，"数位典藏计划"是博物馆群后来得以成立的关键节点。**

随后，**终身学习的社会浪潮在台湾地区兴起，进一步助推了台湾大学博物馆群的资源整合工作。**台湾地区于2002年颁布了《终身学习法》③，而台大作为台湾地区规模最大、最好的大学，拥有优秀的师资条件、一流的课程资源、丰富的场馆资源和设施条件，毫无疑问是《终身学习法》体系构建中最重要的环节。在这个过程中，台湾大学博物馆群做出了许多有益实践，整合了大量开放展览资源。其中包括自创校以来，为支援研究和教学，各系所在学术研究领域广泛收集各式独特珍贵且丰富的文献史料、标本与藏品，并设立标本、文物陈列等馆室，这些都成为学校珍贵的宝库和资产。

---

① 台大意识报网站：《从博物馆到博物馆群》，2010-05-04.
② 台湾大学数位人文研究中心：http://www.digital.ntu.edu.tw/.
③ 中国台湾网：《台湾终身学习法 (2002.06.26)》，http://www.taiwan.cn/jm/jmfg/twjmfg/200708/t20070801_393582.htm，2007-08-01.

促成台湾大学博物馆群将"宝贝"拿出来分享的另一条平行线是来自台大学生自发的活动。2003 年,台大一群热衷讲故事的学生自发组成"校园导览解说社",借由配合 5·18 国际博物馆日,联合校园中各座博物馆,举办了首届"台大博物馆嘉年华"活动。让民众第一次有了接触、观览、欣赏藏品的渠道,从此揭开研究室深处学术标本的神秘面纱,当时的《台北画刊》专文报道,在社会上引起极大反响。

经过长达十年的多方整合,台湾大学博物馆群终于在 2005 年,由前台大校长李嗣涔正式启动台湾大学博物馆群计划,并责成图书馆规划集成。最终,台湾大学博物馆群在 2007 年正式联合开馆。

2.多馆合一:整合"博物馆群"展览资源,重拳出击

正如前文所说,台湾大学博物馆群是由台大各个院所内的不同小博物馆组合而成。而博物馆群的"群"的设计,让各座博物馆在维持自身发展的同时,也让各座博物馆之间产生了联系。

相比一个大型的博物馆,这样集合式的设计显得更有弹性。一方面是节约了建造大型博物馆的巨额成本;另一方面也防止这些研究藏品与原有的研究专业脱离,让每一座博物馆都保持其原有的专业性与学术性。

但是更为重要的原因在于:倘若把台湾大学博物馆群中的任何一座博物馆拿出来,显然都无法形成对大众的强磁极吸引。而且为了让各座博物馆之间能更好地共享人气,台湾大学博物馆群通过特定的游线串联。通过官方的策划组织、统一的宣传大大提高了每座博物馆的知名度,也带动了访客的增加。2008 年,台湾大学博物馆群总参观人数约为 5.6 万人次,到 2014 年已经增加至超 10 万人次①。

除内部的人气共享,台湾大学博物馆群更是跳脱出自身的象牙塔,主动与校外资源进行联动,共享平台。2015 年与台湾博物馆群签约,这是继 2013 年与京都大学总合博物馆之后,台湾大学博物馆群首度与国内的博物馆签署合作协议书。彼此之间针对研究、典藏、展示和教育推广方面,进行交流互惠与资源共享。不仅如此,台大贡献自己的青春活泼,台博贡献自己的专业名气。充

---

① 数据来源:雅虎新闻《台大博物馆群港陆客爱年吸 10 万人潮》,2015-06-08.

◀ 极具专业性与学术性价值的物理文物厅（图片来源：华高莱斯拍摄）

分利用"大馆带小馆"的方式，让知名博物馆来增加自己的流量和名气，吸引粉丝。而且再将对方的粉丝转化为自己的粉丝，可谓共享时代下的一大合作标杆。

3. 多趣合一：聚合多维创意人气活动，趣味至上

大学博物馆都不缺少珍贵的藏品，但这些藏品往往都极为专业，绝非普通人能够容易理解的。因此，大学博物馆对外开放容易，让大众看懂却绝不简单。如何把复杂的专业知识转换为有趣的创意活动与课程内容，是所有大学博物馆都会面临的问题。但是，这样的问题绝对难不倒台湾大学博物馆群。

在台湾大学博物馆群落，辅助展品而生的导览解说、配合校园节令或研究成果的特展、动手实作的工作坊与体验营、馆舍大厅的音乐会、开发博物馆专属文创纪念品，都成了解决这一问题的具体公式。

举个简单的例子，在人们固有的印象中，档案馆该是个什么样子？死板老旧的档案夹？像素模糊的黑白老照片？总而言之，是大写的 Boring。而台大档案展示室却格外与众不同。

它们尝试用档案中所遗留的台大各单位印章，**设计出了"消失的印记"特展系列活动**，结合创新概念，将已消失的印章元素重新排列，开设了印章雕刻 DIY 研习班，让档案的金石艺术不只是历史的深度展现，更能结合创意美学融入生活，这个系列活动曾在台北掀起一阵雕刻印章的风潮。

这之类的创意活动极大地聚集了人气，提高了大众对台湾大学博物馆群的进一步认知。2017 年 5 月的博物馆日，台湾大学博物馆群绞尽脑汁玩创意，推出了**"大学博物馆时间：问倒台大教授，让教授囧一下"**系列活动，邀请动物学、植物学、昆虫学三位资深教授，分别进行博物馆深度导览、参观库房，同时与民众进行面对面问答。战书一下，市民便疯狂了，拖家带口聚到台大，无非就是想用千奇百怪的问题问倒台上的教授。当然，潜移默化之中也将心里对自然界的疑惑解决了。不仅聚集了人气，还真正意义上起到了教化民众、全民学习的示范作用。

台湾大学博物馆群的系列活动，更加关注儿童的成长与开发潜力，谁知道这些孩子们今后有哪些会成为台大真正的学子呢！每年暑假，台湾大学博物馆群还会特意为小学高年级的学生进行为期三日的台湾大学博物馆群体验营，其中设计了很多闯关游戏和手工活动。台大还曾模仿京都大学举办儿童博物馆活动教育小朋友自然历史的知识，结果 4 个周末吸引 1 000 多组家庭、约 4 000 余人参与[①]。

4. 多管合一：合并各院系的管理体系，共享共治

比起上文中如何吸引大众到大学博物馆的难题而言，下面所要阐述的问题则是在大学博物馆与城市共享之路上最大的难题——管理！城市政府是城市博物馆的管理者，假若不开放大学博物馆，管理者自然是高校。但是一旦共享，那么到底应该如何管理呢？作为大学博物馆群共享的成功标杆，台大自有解决之道。

---

① 数据来源：雅虎新闻《台大博物馆群港陆客爱年吸 10 万人潮》，2015-06-08.

台湾大学博物馆群并不是一个法定单位，各馆的管理运作仍由各系所有单位负责。有些学系设有类似"标本小组会议"的教授群，由他们共同决定博物馆业务；或是由教授出任博物馆馆长，督导博物馆作业。各馆第一线工作人员身份皆不相同，但是无论是何种营运模式，馆员们必须进行博物馆导览解说、参与特展策展、计划与执行推广活动、志愿者培训，甚至也包含房屋与设备管理。一到节日、纪念日、寒暑假，他们就算揪光头发也要想出有创意的活动。为便于管理，整个台湾大学博物馆群还设置了专门的工作小组，由各博物馆的指导教授及馆员共同组成。

更为特别的是，巧用社群和志愿者。让民众不仅是博物馆的参观者，更是博物馆的管理者和参与者。如何解决访客日益增多而又不能增添编制内的人手问题，台湾大学博物馆群采用了招募志愿者、共享共治的制度。很多退休人员、大专院校在学学生、台大学生家长都会前来做志愿者。志愿者们协助博物馆维持秩序、进行双语导览、扫描建档，甚至制作修护标本、参与推广活动的计划与执行、提供创意新点子。

总之，台湾大学博物馆群的成立与对外开放，完成了从"深闺美人"到"大众情人"的华丽转身。对于这种大学博物馆与城市之间的共享，其所能带来的价值，正如《2015年台大博物馆群工作成果概览》所总结的：结合现有校内各博物馆资源，推动台湾大学博物馆群的持续发展运作，乃本校迈向顶尖大学之际一项不可或缺的责任。除保存国家历史、自然文化，辅助支持研究、教学、推广之任务外，并能够透过对外推广、开放的活动，善尽台大在这块土地上之社会责任，进一步促进一般民众对台大良好之社会观感。无论从哪一方面来着眼，对于博物馆群之小小投资将对本校产生无可计数之重大利益。[①]

四、共享新时代，大学之道被赋予了更多的社会意义

纵观我国大陆地区，也有很多高校云集的城市。例如，北京、武汉、西安、南京等诸多城市。虽然目前以清华大学的艺术博物馆、中国传媒大学的广

---

① 2015台大博物馆群工作成果概览 [EB/OL]. https://issuu.com/historygallery/docs/2015_, 2016-11-10.

告博物馆为首的高校博物馆都已经开启了城市共享之路，并初步提供了网上预约、现场解说等基本服务。但是相比台湾大学博物馆群的建设，高校与城市之间的博物馆文化资源共享，还有很长的路要走。然而我们应该相信，大学中的博物馆最终一定会实现与城市的文化共享。

正如《大学》中所阐述的："**大学之道，在明明德，在亲民，在止于至善。**"在今天新的时代中，我们可以通过城市资源的共享，让大学博物馆中的珍宝为民众所知，实现"明明德"；我们可以通过创意的设计，使大学博物馆不仅仅停留在"向社会大众免费开放"的口号上，真正实现"亲民"；最终推动整体社会的文化教育水平，实现"至善"的美好理想！

这就是大学博物馆与城市共享的"大学之道"！

▲ 橘郡表演艺术中心（图片来源：华高莱斯拍摄）

客官，来份肖邦？——艺术区对非一线城市的价值分析

文 | 吴晓璇　高级项目经理

一、城市"抢人大战"之后,"店小二"该如何留住人才?

2018年全国"抢人大战"开展得如火如荼,各地"抢人"政策不断加码,南京、西安、天津等非一线城市的落户门槛更是一降再降。为了赢得这场人才争夺战,各非一线城市在拼完政策之后,更是纷纷把自己称作"店小二",为人才提供贴心式、保姆式、专家型的全程服务。西安甚至直接把"店小二"字样印在政府官员的名片上,全面倡导"店小二"精神,以优质服务吸引高知人群。例如,在"店小二"的帮助下,一个博士仅用10分钟就成功落户西安①。

然而对于这些非一线城市来说,人才要"抢得来"更要"留得住"。俗话说:"栽好梧桐树,引得凤凰来。"想要留住这些高知的"客官",城市"店小二"真的知道他们需要什么吗?

我们可以先做一个设想——假如在一个经济发达的非一线城市,这里高校云集、群英荟萃,你需要提供什么配套才能真正打动这些高知的"客官",并吸引他们留下来?是大型商业?没错,大城市有沃尔玛,二线城市招来沃尔玛也非难事。是一流的学校和医院?没错,拥有比肩一线城市的医疗(尤其是某项专科医疗)及教育,对于很多二线城市也不是不可能。但是,一线城市可以经常轻松召开一场国际音乐会,二线城市就不一定能搞得起来了。

不难看出,文化艺术才是非一线城市和北上广深之间最大的差距。而对于高知人群而言,相比物质上的满足,丰富的精神文化生活更为重要。因此,这些"店小二"在抢人时,不仅要问"您是打尖还是住店",更要主动问一句:"客官,您是否来份肖邦?"

艺术真的有这么大的吸引力?我们不妨看看这个利用艺术成功吸引并留住高知人群的典型案例——美国橘郡(Orange County, California)。

---

① 凤凰网:《越洋连线当场办理留美博士10分钟落户西安》,http://sn.ifeng.com/a/20180707/6709570_0.shtml,2018-07-07.

橘郡是位于美国加利福尼亚州南部的一个郡，名称来自当时的主要农作物——橘子，属于大洛杉矶地区的一部分。尽管地处洛杉矶和圣地亚哥两大都市之间，橘郡内这些新兴规划的小城市，仍吸引了不少中上阶层家庭定居于此，使其成为加州人口第三多的县、美国最富有的居民区之一。2016年橘郡人口达317万，家庭收入中位数为81 837美元，是洛杉矶都市区的1.5倍、加州的1.21倍、美国的1.42倍。2018年，橘郡人口更是增长至319万，家庭平均收入增长至89 759美元。① 同时，这些高收入人群的受教育程度也较高：2012—2016年数据表明，橘郡25岁以上人口中，超过84.5%拥有高中以上学历，38.4%以上拥有大学以上学历。截至2019年，高中以上学历人数占比已达85.5%，大学以上学历人数占比达40.6%，居大洛杉矶地区之首。②

也许有人会说，橘郡看起来只是一个大都市近郊的居住区，那就大错特错了。橘郡不仅拥有以加利福尼亚大学尔湾分校和加州州立大学富尔顿分校为代表的24所著名高校，更是南加州高科技产业的聚集地。这里不仅聚集了Ingram Micro（排名第64位）等众多美国财富500强企业的总部，同时，也是暴雪娱乐（Blizzard Entertainment）、Gateway、Linksys等知名科技公司的所在地。此外，还有众多初创企业选择在橘郡发展壮大。

那么，这些高知人群为什么会放弃洛杉矶的繁华而选择在橘郡安居乐业呢？

美国著名城市学者乔尔·科特金在《新地理：数学经济如何重塑美国地貌》中指出："当个人或是先进的产业在全球范围内选址时，他们将不再需要寻求那些最大的、最便宜的、最受欢迎的地方。他们将寻求一种新的地方，一种对于他们价值观和内心深处都具有吸引力的地方。"③ 橘郡引人、留人的背后逻辑也正是如此，它不仅满足了高知人群的基本生存需求，更满足了他们更高层次的精神需求。

---

① 数据美国：《加利福尼亚州橘郡》，https://datausa.io/profile/geo/orange-county-ca/.
② 数据来源：美国人口普查局官网《加利福尼亚州橘郡》.
③ [美] 乔尔·柯特金. 新地理：数字经济如何重塑美国地貌 [M]. 王玉平，王洋，译. 北京：社会科学文献出版社，2010.

▲ 位于橘郡的暴雪娱乐公司总部（图片来源：华高莱斯拍摄）

为了聚集人气并带动经济，橘郡在南海岸广场打造了一个标志性的高端购物目的地。但仅有这些还不够，橘郡更需要的是为人们提供"精神营养"。然而，20 世纪 60 年代末的橘郡严重缺乏文化场所。尽管当地有一些博物馆和艺术节，但在大多数情况下，人们必须开车去洛杉矶或飞往纽约才能看到世界顶级的文化艺术表演。因此，橘郡各地的社区领袖意识到这里必须有自己的"林肯中心"，橘郡表演艺术中心（Orange County Performing Arts Center）应运而生。自 1986 年首次演出以来，它已吸引了超过 1 600 万人次的观众，大大提高了当地的生活质量，同时，也带动了高知人群和科技产业向这里聚集。[1]

也许有人会质疑，橘郡表演艺术中心的成功只是个例，是美国独特文化背景下的产物？其实不然，不是只有橘郡这样的地方才需要丰富的精神文化生

---

[1] 纽波特海滩杂志：《塞格斯特罗姆艺术中心》，http://www.newportbeachmagazine.com/work-of-art/, 2016-10-25.

活，国内亦是如此。随着钢琴的普及率越来越高，高雅艺术正逐渐走下神坛，成为我们生活的一部分。西安街头甚至出现了"共享钢琴"，只需扫码支付一分钱即可弹奏 15 分钟。如果你认为"弹钢琴"仍是高配，那么从"看电影"这件事情上也可见一斑。当年三线建设时期，这些外来建设精英最大的优越感在于厂区内部配有电影院，能够几乎同步看到大城市上演的影片，而这些是本地老百姓几个月都不一定看得到的。

由此可见，精神生活对于高知人群是多么重要。在这场人才争夺战中，要想真正让这些高知的"客官"留下脚步，"店小二"就应该从文化艺术上下功夫！

二、美国橘郡的高阶艺术修炼手册

然而，对于这些非一线城市来说，发展文化艺术不是按照大都市的做法如法炮制那么简单，更需要站在高知人群的视角上，按照他们的深层次需求进行打造。下面讲述作为成功典范的橘郡是如何一步步修炼成功的。

1．初阶：完成一道 0 或 100 的选择题

对于非一线城市来说，打造艺术区只有 0 或 100 两个选项，要么不做，要做就做到最好，没有中间状态。也许有人会说，大都市有一流的文化场馆，按照城市量级进行类比，非一线城市只需建一个小一号的场馆就够了。这种观点是完全错误的！小场馆意味着功能配置较低、场地受限，只能是小打小闹，根本无法吸引顶级的大师和艺术团来此演出。这样，它们也就无法真正引起高知人群的兴趣，帮助城市将这些人留下来。

橘郡在一开始就清楚地认识到这个问题，并做出了正确的选择。橘郡表演艺术中心成立之初就明确了自身的发展目标："致力于打造舞台上的顶尖艺术表演，并提供无与伦比的艺术体验"，确定了未来发展的艺术形式：交响乐、舞蹈、歌剧、百老汇演出、古典音乐和合唱音乐等。

这些高端艺术的发展需要硬件作为支撑。 为此，橘郡邀请多名著名建筑设计师进行建筑设计，打造了一个占地 5.7 万平方米的文化艺术区，包括 3 000 座的歌剧院风格的塞格斯特罗姆大厅（Segerstrom Hall）、2 000 座的蕾妮和亨利·塞格斯特罗姆音乐厅（Renée and Henry Segerstrom Concert

Hall)、500 座的萨穆埃里剧院（Samueli Theater）、250 座的朱迪莫尔剧院（Judy Morr Theater）和占地 56 100 平方英尺的艺术广场（Julianne and George Argyros Plaza）。① 功能完备、品质卓越的各色专业场所使得国际知名的芭蕾舞团、百老汇巡回演出和杰出的表演艺术家在橘郡进行表演成为可能。实际上，莫斯科大剧院芭蕾舞团、巴黎歌剧院芭蕾舞团、美国芭蕾舞剧院舞团等世界著名的芭蕾舞团也都曾到这里演出过，并选择这里成为它们在美国西海岸演出的首选地！

▲ 蕾妮和亨利·赛格斯特罗姆音乐厅（图片来源：华高莱斯拍摄）

然而，高标准就意味着高投入，如此高标准的艺术中心也必定造价不菲。橘郡表演艺术中心的最初预算为 2 亿美元，后由于施工等多方问题导致最终成本达 2.4 亿美元，其中仅塞格斯特罗姆大厅的建设就花费了 6 000 万

---

① 塞格斯特罗姆艺术中心官网：《我们的园区》，https://www.scfta.org/Plan-Your-Visit/Campus/Venues-and-More.aspx.

美元。① 此外，建成后的运营管理、设施维护及人力成本同样也是一笔巨大的开支。面对如此高昂的成本，资金从何而来？难道仅凭政府一己之力就能解决？

实际上，橘郡表演艺术中心的打造不是出于政府的一厢情愿，更多的是基于人们对艺术生活的渴望，公众募捐因此成为其主要的资金来源。 这一点从建筑的命名上就可以看出来：1979 年，塞格斯特罗姆家族捐赠了 20 000 平方米的土地，让该项目落地成为现实，艺术区内第一栋建筑——塞格斯特罗姆大厅由此得名；1998 年，塞格斯特罗姆家族捐赠了第二块土地，并在两年后提供了 4 000 万美元的赞助费，蕾妮和亨利·塞格斯特罗姆音乐厅得益于此；2003 年，新建的 500 座剧院被命名为萨穆埃里剧院，以表彰亨利·萨穆埃里捐赠的 1 000 万美元；2011 年，橘郡表演艺术中心甚至更名为"塞格斯特罗姆艺术中心"，以表彰塞格斯特罗姆家族约 1.5 亿美元的杰出贡献。②

为了保障机构的良好运转，橘郡表演艺术中心还构建了完善的慈善管理体系，共包含五大方面：一是个人会员计划，旨在吸引个人进行捐款，并根据不同捐赠额度提供相应的优惠服务；二是企业会员计划，通过公益捐赠，为各行各业的企业提供展示自身形象的绝佳机会，并提供折扣票、优惠券、私人休息室等多种福利；三是遗产捐赠计划，鼓励人们通过遗产捐赠的形式为中心创造更好的未来；四是企业赞助计划，通过提供各种企业赞助机会与当地企业建立长期合作伙伴关系；五是协会网络计划，通过吸引人们加入不同类型的协会并组织丰富的募捐优惠活动（如"百老汇早餐"活动，捐款的会员可以在享受早餐的同时获取第一手的百老汇内幕消息），为该中心提供经济支持。

高标准的艺术设施和高品质的艺术表演，让橘郡突破了与大都市之间的第一层障碍，成功吸引高知人群向这里聚集；而完善的慈善管理体系，保证了艺

---

① 洛杉矶时报：《塞格斯特罗姆艺术中心》，https://www.latimes.com/entertainment/arts/la-et-cm-segerstrom-center-campaign-20150828-story.html.
② 塞格斯特罗姆艺术中心官网：《我们的故事》，https://www.scfta.org/About/Our-Story.aspx.

术活动的平稳进行，让橘郡有机会迈入第二层境界——艺术活动能够如大城市一般经常举行，使得这些高知人群的长居成为可能。

2．中阶：聚焦儿童，成为顶尖的艺术教育平台

一流的演出能够为非一线城市留住高知人群，但在演出场次、观演频率等方面都具有一定的不确定性。艺术区要持续繁荣，就不能仅靠公众募捐和高端演出门票收入，更应形成自身的特有魅力，从而保证对高知人群的持续吸引。那么，非一线城市打造艺术区的核心竞争力从何而来？答案是抓儿童！因为高知人群从来都是把孩子放在第一位的，对于他们而言，孩子的健康成长至关重要。艺术教育作为其中不可或缺的一部分，受家长的关注程度更是与日俱增。因此，非一线城市在打造艺术区时更需要打造一个除演出外的另一个重要平台——艺术教育，将巨大的市场潜力转化为自身的吸引优势！

橘郡表演艺术中心正是抓住这一契机，不仅成为高雅艺术的殿堂，更是将自身打造为加州最大的艺术教育平台。经过 30 多年的发展，橘郡表演艺术中心已形成一套系统完善的艺术培训模式，全方位满足了高知人群对于儿童艺术培养的需求。具体而言，主要有以下三个方面：

第一，创造更多接触艺术的机会。为了让孩子们能够体验艺术的魅力、汲取艺术的养分，橘郡表演艺术中心面向学校推出了"在中心的舞台"计划（On Stage at the Center），由来自世界各地的知名艺术家进行表演。通过亲民价格的高品质艺术演出，为不同年龄段儿童创造更多接触艺术的机会，培养他们对于高雅艺术的爱好。该计划已覆盖橘郡所有 27 个学区和南加州的 6 个县，每年约有 7 000 名学生前往该中心，获得一次难忘的艺术体验。[①]

此外，橘郡表演艺术中心还专门推出了面向 4～8 岁儿童的"感官友好表演"系列。不同于传统艺术表演时严肃安静的观赏氛围，该系列通过提供尽可能舒适的观赏环境（如降低音量和灯光亮度、允许随意走动说话、允许携带食品饮料）及可提前熟悉故事和演员的剧情简介等方式，增加孩子们对于艺术的兴趣，在他们心中种下热爱艺术的种子。

---

① 数据来源：塞格斯特罗姆艺术中心官网，https://www.scfta.org/?gclid=EAIaIQobChMI6Mvh9OK49wIVDvaRCh1J4gSJEAAYAiAAEgIi7PD_BwE.

第二，提供丰富的艺术体验课程。 橘郡表演艺术中心与世界一流艺术家一直保持良好的合作关系，充分利用这一优势，艺术中心为孩子们提供了形式高端、种类多样的艺术教育课程，包括艺术大师班、五天百老汇计划、迪士尼儿童音乐剧体验、美国芭蕾舞剧院培训课程等。以"五天百老汇计划"为例，该计划是一项面向初中生和高中生开设的音乐剧培训课程，全部选用曾参与百老汇演出的一流专业艺术家和教育工作者进行指导，旨在通过普及戏剧基础知识并创造导演、试镜和即兴表演等机会，培养出未来的小小艺术家。

在进行儿童艺术培养之外，这里还授人以渔，为橘郡及周边地区的小学教师提供艺术教学培训服务，旨在以艺术为媒介提高当地教师的教学水平，以此提升橘郡的整体教学质量，从而强化对高端人群在此定居的吸引力。目前，橘郡表演艺术中心每年吸引近 37 万名的小学生、初中生、高中生、大学生和教育工作者来此学习，教育培训已成为该中心的主要收入来源之一。[①]

第三，满足特殊儿童的艺术需求。 橘郡表演艺术中心并没有忽视特殊儿童的艺术需求，通过一系列艺术项目为他们提供了艺术培训的机会，从而真正做到了"儿童友好"。"夏季在中心"项目就是一项专门为高风险的高中生（如有学习障碍、帮派背景或滥用药物等问题）开设的一项音乐剧课程，通过由专业艺术家进行的为期两周的严格培训，培养他们的信任、团队合作等生活技能，并帮助他们建立自信。这里还专门开设了一所残疾儿童舞蹈与音乐学院，让橘郡的残疾儿童也能感知艺术的魅力。

橘郡不仅做到了吸引一流艺术家来此演出，更让艺术区成为服务城市每一个人的艺术教育平台。这使得它在与洛杉矶大都市的竞争中更胜一筹，成功留住这些高知人群并吸引他们自发捐款。正如一名为马利卡（Malika）的家长在捐赠时的留言所说："我向塞格斯特罗姆艺术中心捐款，因为它是一个致力于确保我们社区中的每个人都能获得高质量艺术体验的组织，通过艺术表演丰富了包括我在内的所有人的生活，无论背景，不分年龄。"

---

① 塞格斯特罗姆艺术中心官网：《评论：烛光音乐会》，https://www.scfta.org/revue/1013/revue-1013-candle.html。

3. 高阶：成为本地艺术的展示舞台

非一线城市艺术区的打造，不仅要能把一流的艺术表演引进来，还要为本地艺术提供展示舞台，推动本地艺术的蓬勃发展，从而实现整个城市文化品位和艺术素养的提升。

橘郡表演艺术中心在引进高水平节目的同时，也成为知名的太平洋交响乐团（Pacific Symphony）、橘郡爱乐协会（Philharmonic Society of Orange County）及太平洋合唱团（Pacific Chorale）的发祥地，为这些组织提供了满足自身高标准要求的专业场地，成为它们展示自我的成长平台。实际上，艺术中心内多个建筑的开幕表演就由上述艺术团体完成。**三大驻场乐团在橘郡表演艺术中心的发展壮大中发挥了核心作用，为人们提供了丰富的音乐表演活动，每年在这里举办超过 100 场演出。**①

总而言之，橘郡通过以文化艺术为突破点进行一步步自我修炼，实现了艺术区从无到有、从有到优的跨越式发展，极大满足了高知人群的精神需求，让艺术成为吸引高知人群在此安居乐业的发展新引擎。

三、艺术区作为一种高阶引人之术，并非所有城市的万灵药

相比快速落户、住房优惠等趋于同质化的引人方式，艺术区所提供的高雅艺术对高知人群具有更强的诱惑力，是一种更为高阶的引人之术。在这场人才争夺战中，无疑是非一线城市的制胜法宝之一。但我们还应认识到，并不是所有的非一线城市都能如法炮制，并做到像橘郡那样成功。要知道，对于它们而言，艺术区不是用来摆摆 pose、亮亮相那样简单，而是要做到真正为城市发展而服务。

那么，谁更有希望？

放眼全国，西安、武汉更有可能成为中国的"橘郡"。与橘郡类似，它们都是高校云集，拥有大量的高知人群，并且求才若渴，不惜为留住人才狠下血本。但只有基础还不够，橘郡艺术区的成功并不是仅凭政府一己之力就实现

---

① 南海岸都市区官网：《南岸大都会表演艺术》，https://southcoastmetro.com/performing-arts/.

▲ 橘郡表演艺术中心节目单（图片来源：华高莱斯拍摄）

的，需要城市自身有着更强的驾驭技巧。因此，这些"店小二"只有深入了解高知"客官"的精神需求，并通过良好的财务安排，真正做到让艺术区为城市发展服务，才有可能自豪地喊出"客官，来份肖邦"这种令人耳目一新的竞争口号！

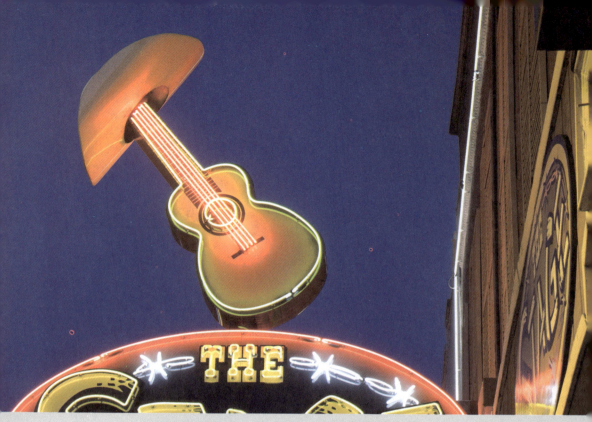

▲ 美国乡村音乐小剧场的霓虹灯广告（图片来源：全景网）

乡村音乐之都的星途之路

文 | 杨　帆　项目助理
　　朱林爽

一、全美三大演艺中心,你知道哪一个?

在纽约百老汇观过剧? 那并不出乎意料。大家对百老汇(Broadway)一定都很熟悉,去到纽约旅游就一定会去位于曼哈顿中城的剧院区打卡;即便没去过,也总会在平时接触的电影、影视节目中对这个地方非常了解。百老汇这片小小的区域,就聚集了大大小小 41 家剧院,上演的都是能代表美国顶级水平的、雅俗共赏的剧目,其中以《歌剧魅影》《狮子王》《猫》[①] 等耳熟能详的经典音乐剧为代表,是全世界演出最频繁、最密集的地方。

去过拉斯维加斯? 也并没有什么稀奇!世界娱乐之都拉斯维加斯的奇幻表演秀,可以说是美国西部沙漠之城最独特、最响亮的招牌之一。这里的秀虽然没有百老汇的知名,但花样繁多,数量上也远远超过纽约百老汇。从马戏到上空秀,从魔术到歌舞秀,在高科技的奇幻舞台和高难度的绝美表演的融合之下,每一个场景都如梦如幻,精彩纷呈!富有创意的水秀《O 秀》[②]、极具名气的多媒体特色秀《蓝人组》[③] 等,是很多人想去拉斯维加斯的第一原因。

这两大演艺中心分别在美国一东一西的两个大都市中,东有经典音乐剧为主的纽约百老汇,西有奇幻秀为特色的拉斯维加斯,每年吸引了成百上千万来自世界各地的观众前去亲身感受。**为什么文化演艺区都在大都市?因为大都市本来就具有文化演艺聚集的先天优势!** 其一,大都市能够聚集演艺发展所必需的人才、资金、技术和消费市场等,而文化演艺只有形成聚集,才能形成规模,才能产生效益,才能持续发展。其二,大都市文化演艺区的主题多而全,有雅俗共赏的、世俗娱乐的,或是科技奇幻的,有数量庞大且接受度高、支付能力强的观众作为强大支撑,演艺区总能赚钱。

---

① 《歌剧魅影》(*The Phantom of the Opera*),1986 年首演,在百老汇上演最久的一部音乐剧;《狮子王》(*The Lion King*),1997 年首演,有"音乐剧之王"之称;《猫》(*Cats*),1981 年首演,历史上最成功的音乐剧之一。
② 《O 秀》(*O Show*),以水为主题的舞台剧,1998 年首演,是拉斯维加斯最为著名的秀之一。
③ 《蓝人组》(*Blue Man Group*),1991 年首演,被誉为拉斯维加斯的"三大名秀",是美国演艺界的"国宝"。

但是你知道吗？美国的演艺中心可不止前面说的这两个，还有一个是布兰森！而且竟然在左右不逢源的美国中部偏远小城镇！

布兰森（Branson）位于美国中部的欧扎克山（Ozark Mountain）腹地，是密苏里州（Missouri）西南部的一个小镇，小镇面积为 54 km²，户籍人口只有 1.1 万，距离周边最近的大城市堪萨斯（Kansas City）也要 280 千米。**虽然是一个偏远小城镇，布兰森却是美国乡村文化的集中展示地，是美国乡村音乐之都。**[①]

在布兰森聚集的剧院数量更是堪称美国之最，有近 50 家小剧院、近 100 台演出、座位数约为 57 000 个，作为演出场所最集中的小城镇而位列美国三大演艺中心之一[②]。到今天，布兰森演艺业态占全部业态的 2/3 以上，每年吸引着超过 700 万的游客和音乐爱好者，能够获得 17 亿美元的旅游收入[③]。更值得一提的是，因为没有赌博和色情，布兰森又被誉为"纯净的拉斯维加斯"，可见布兰森虽不是大都市，却拥有与大都市一样的名气和地位。

布兰森这个地处美国中部、左右不逢源的偏远小城镇，正是找准了自身独一无二的特质——"乡土"，并不断挖掘、不断努力，走出了一条适合自己的星途之路，才成为文化演艺区中的国际大明星！**相比大都市文化演艺聚集的先天优势，小城镇经济规模小、技术落后，只能支撑一两个文化小场馆且布景简单；同时人口基数少，本地消费力弱且缺少人才；因此，小城镇发展文化演艺确实处于天然劣势。**

布兰森的成功，却告诉我们偏远的小城镇只要有特质，也能发展成为世界级演艺中心，这对中国小城镇文化演艺区的发展具有借鉴意义。

二、仅靠"土掉渣"，布兰森就能成为演艺巨星？

布兰森到底有多"土"？布兰森乡村文化的"土"基因，可以追溯到 19 世纪初一个很"乡土"的小镇故事——著名作家哈罗德·贝尔·莱特在 1907 年，把欧扎克山的牧羊人发现银矿的传奇故事写成了一本小说，取名《山区的牧羊

---

① 布兰森城市官网：https://www.bransonmo.gov/105/Branson-Profile.
② 美国官方旅游网站：http://www.gousa.cn/destination/branson.
③ 布兰森城市官网：https://www.bransonmo.gov/316/Tourism-Activities-Attractions.

人》①，这本书即刻成为美国畅销书，使成千上万的读者慕名而来，寻找牧羊人的足迹。同年出版的另一部小说《欧扎克山》②，也让欧扎克乡村和村里的生活渐渐有了名气。据说，作者夫妇曾在家中接待来访的读者，这种很"乡土"的接待形式，其实就是后来布兰森休闲旅游业的雏形。

随后，1934年由年轻人约翰·韦恩主演的《山区的牧羊人》电影③和1960年名为"牧羊人"的露天剧场，都是"牧羊人"的乡村生活的原味展现。布兰森也凭借牧羊人山丘、桌岩湖（Table Rock Lake）、塔尼科湖（Lake Taneycomo）等乡村环境，吸引了越来越多的游客。**自此，布兰森的文化演艺就是依托本地的"乡村文化"主题并聚焦"乡村音乐"，遵循"小"而"特"的发展模式，将文化演艺慢慢发展壮大，继而形成了今天的规模。**

▲ 秋天的欧扎克山（图片来源：全景网）

---

① 《山区的牧羊人》（*The Shepherd of the Hills*），1907年出版，作者：美国作家哈罗德·贝尔·莱特（Harold Bell Wright）。

② 《欧扎克山》（*The Ozarks*），1907年出版，作者：美国作家哈罗德·贝尔·莱特（Harold Bell Wright）。

③ 《山区的牧羊人》电影，1941首映，是根据哈罗德·贝尔·莱特（Harold Bell Wright）的同名小说改编，由约翰·韦恩（John Wayne）、贝蒂·菲尔德（Betty Field）和哈里·凯里（Harry Carey）主演。

表面的"土",其实掩盖了布兰森内心的温柔! 走近布兰森,你会越发觉得布兰森的"土"只是掩盖了内心的温柔。布兰森"土"的表象背后,其实是触及都市人内心最柔软的乡愁!

美国乡村音乐的流行,在某种程度上代表了人们"回到本真"的社会共鸣。乡村音乐曲调简单,节奏平稳,带有叙事性,亲切热情而不失流行元素。因此,乡村音乐老少皆宜,很多美国人都喜欢听。据美国乡村音乐协会调查,美国中部、南部44%～56%的人口(约0.68亿)都是乡村音乐粉。① 乡村音乐的主题一般都是歌唱爱情的甜美、表达牛仔的快乐、歌唱乡村生活的惬意、赞美家乡与国家等,具有浓浓的乡土气息。无论是和平年代还是战后繁荣年代,人们通过舒缓、轻快的乡村民谣,表达对回到故乡、重返孩童时光等那种纯净、质朴生活的回忆与向往,是人们渴望找寻初心、回归质朴的社会共鸣。

乡村音乐不仅是美国的,更能在全世界引起更深层次的文化共鸣。乡村音乐发展到今天,朗朗上口的歌谣、轻快舒缓的节奏、质朴的情感表达都已经跨越了国界,给更多人带来了情感共鸣。例如,乡村音乐大师约翰·丹佛的一曲《乡村路带我回家》②曾经被日本动漫大师宫崎骏在他的1995年动漫作品《侧耳倾听》③中多次演绎。2017年的电影《王牌特工2:黄金圈》④和《异形:契约》⑤等影视作品中也多次用到这首歌。更有网上发布的各国多版本的重新演绎,足以看到全世界对乡村文化的深层次共鸣。

---

① 《美国乡村音乐的力量》,发表于2015年6月29日音乐财经,作者李楚倩。
② 《乡村路带我回家》(*Take Me Home:Country Roads*),美国民谣歌手约翰·丹佛(John Denver)与比尔·丹诺夫(Bill Danoff)及塔菲尼·维特(Taffy Nivert)在1971年共同创作的歌曲。
③ 《侧耳倾听》(*Whisper of the Heart*),1995年上映,根据柊葵的同名漫画改编,电影的片头曲和结尾曲分别是英文版和日文版的《乡村路带我回家》。
④ 《王牌特工2:黄金圈》(*Kingsman: The Golden Circle*),2017年上映,是2015年电影《王牌特工:特工学院》的续集,影片中梅林代替埃格西踩着地雷,高唱着约翰·丹佛的《乡村路带我回家》吸引守卫靠近,最后引爆地雷壮烈牺牲自己并炸死所有守卫。
⑤ 《异形:契约》(*Alien: Covenant*),2017年上映,为2012年电影《普罗米修斯》的续集以及"异形电影系列"的第六部作品,影片中田纳西因意外远离母舰收到不明信息,模糊画面显示一名女子哼唱着歌曲《乡村路带我回家》。

正是如此，小城镇发展演艺，更要抓住大都市人的情感共鸣，要结合小城镇的本土文化特质聚焦主题，选择最能够打动人心的、受众广泛的、地域消费市场大的音乐或演艺形式，它可能是一曲乡谣，可能是一首民歌，也可能是一出乡村主题话剧，但它一定是一剂大都市人的精神良药。正如一夜之间刷遍朋友圈的赵雷的《成都》[1]和郝云的《去大理》[2]，歌词质朴、旋律简单，却让听的人湿了眼眶，引起了很多有家乡情结的人的共鸣，让无数游客对"在成都的街头走一走""一路向西，去大理吧"心生向往！

三、什么是小镇演艺巨星成名路上的关键？

布兰森虽然看似怎么"乡土"怎么来，但如果只是抓住都市人对"土"的猎奇和对乡村音乐的情感共鸣，布兰森可能会很赚钱，但不会成为世界乡村音乐之都，更不会成就一个如此传奇的小镇演艺国际巨星。布兰森成功背后的原因是多方面的，可以说布兰森很好地打出了一套成名组合拳！

1. 组合拳一——一个好时机 + 一个好媒介：最恰当的时机，借助最合适的媒介

不得不说，布兰森乡村音乐的发展赶上了一个好时机和一个好的传播媒介，让以乡村音乐代表的本土文化在城市化中迅速崛起。20世纪30年代，由于经济大萧条，唱片工业受到极大打击，广播成为人们听音乐的主要来源。因此，借助无线电广播等手段，乡村音乐迅速普及并得到广泛共鸣，乡村音乐伴随着城市化和汽车生活的转变，迅速走进都市人的生活。今天，我们还总能在美剧中看到这样的场景：在地广人稀、一望无际的美国公路上，人们听着广播开着车，跟着乡村音乐轻声哼唱、轻轻摇摆，很悠然的样子。

---

[1]《成都》，由中国民谣男歌手、音乐人赵雷创作并演唱，2019年入选"最美城市音乐名片优秀歌曲"，歌词"和我在成都的街头走一走"引起了人们对成都的回忆及憧憬。

[2]《去大理》，由中国男歌手、音乐制作人郝云，于2014年为宁浩导演的电影《心花路放》创作并演唱，歌词"既然不快乐又不喜欢这里，不如一路向西去大理"，让大理迅速成为人们无比向往的旅行胜地。

▲ 去往纳什维尔的公路上，美国乡村音乐最受认可的艺术家威利纳尔逊的壁画（图片来源：全景网）

伴随乡村文化走进都市人的生活，许多以乡村音乐为主题的舞台秀也应运而生，其中最著名的就是纳什维尔"老式大剧院"（Grand Ole Opry）的舞台秀，从 1925 年首播直到今日，成为乡村音乐著名的舞台和节目，被誉为美国乡村乐的灵魂。到了 20 世纪 50 年代初期，战后的繁荣让乡村音乐达到顶峰。"老式大剧院"电台节目[①]在每周六晚已经有 1 000 万左右的听众，此时乡村音乐向电台发动了它的"强大攻势"。[②]

再到 1991 年 12 月，美国哥伦比亚广播公司的王牌节目《60 分钟》[③]播出了布兰森专题，将这个小镇称为"世界现场音乐之都"。自此，借助这个节目的播出，布兰森进一步确立了在演艺市场中的独特地位[④]。当时布兰森只有

---

① "老式大剧院"电台节目（Grand Ole Opry），1925 年在纳什维尔（Nashville）的 WSM 电台开播，是当时最有影响力的广播节目，对乡村音乐的传播和发展产生重要影响。
② 尤静波，李罡. 欧美流行音乐简史［M］. 上海：上海音乐出版社，2015.
③ 《60 分钟》节目，1991 年播出，美国哥伦比亚广播公司，https://www.youtube.com/watch?v=qac5fPGgemY.
④ 《布兰森旅游历史》，探索布兰森官网，https://www.explorebranson.com/article/history-tourism-branson.

22家剧院，而现在这里已经发展到49家剧院。可以说，是《60分钟》节目将布兰森带入了一个高速发展的新时代，从1992年到1994年，是布兰森小镇演艺发展的黄金时期。**布兰森正是抓住了美国乡村音乐流行的黄金时代，在乡村文化逐渐走进都市生活之时，借助当时有效的传播媒介，成功在世界舞台上崭露头角。**

因此，小城镇的成名需要一个好时机和一个好媒介来快速提升名气。放眼今天，音乐的传播已不再依靠传统的无线广播等媒介，不仅可以借助音乐媒体、综艺节目、微信公众号等大众平台营销，新的媒体时代更是催生出了"唱吧""快手""美拍""抖音"等形式多样的新媒介，更加促进了音乐、文化的传播。借助抖音App，西安、成都、重庆等城市一"抖"成名，吸引了很多人前去旅游。中国小城镇发展演艺区，也应该借助这些媒介做好宣传，利用好最广泛的传播方式，引起大都市人最广泛的情感共鸣，是小城镇发展文化演艺的重要一步。

2．组合拳二——一个好作品+一群好剧院：最广泛的共鸣，聚集传奇名人剧院

赶上了乡村音乐发展的好时代，布兰森及周边的演艺人员于20世纪50年代便开始演出，虽然那时剧院区还没有初具规模，但其间不断有拿得出手的好作品和好节目出现。

1954年，传奇乡村音乐明星瑞特·福莱，创办了美国第一个乡村音乐电视节目《欧扎克乡村音乐》[①]，成为欧扎克地区乡村音乐的名片。1959年，马布兄弟乐队开办了布兰森第一个乡村音乐节目《马布兄弟乐队乡村音乐》[②]。1960年，赫驰德家族（The Trimble）在银元城东边几英里的地方，举办以畅销小说《山区的牧羊人》为主题的户外剧场，成为全美最受欢迎的户外历史剧。1962年，普雷斯利家族（The Presleys）在金伯林市（Kimberling）吸引

---

① 欧扎克乡村音乐节目（Ozark Jubilee），由传奇乡村音乐明星瑞特·福莱（Red Foley）于1954年开办的美国第一个乡村音乐电视节目，https://www.gsrealtors.com/blog/417-history-the-ozark-jubilee/.

② 马布乡村音乐节目（Baldknobbers Jamboree），由马布兄弟乐队（Baldknobbers）于1959年开办的布兰森第一个乡村音乐节目，Jim Mabe创造了布兰森历史上最知名的角色Droopy Drawwers.

游客的同时，在76号高速公路建造了第一个公路剧院——普雷斯利乡村音乐剧院①。1968年，马布兄弟也在76号高速公路上建造了剧院，他们的演出成为布兰森至今持续最久的舞台演出……自此，布兰森剧院逐渐在76号公路两侧聚集。

到了1983年，随着乡村音乐大师罗伊·克拉克的名人剧院②开幕，布兰森的剧院建设达到了一个里程碑。在演艺区发展中期，布兰森着力营造尊重音乐创意、自由宽松的大环境，以极低的税率鼓励音乐名人开办自己的剧院，自主安排演出、自由创作曲目，并利用小镇自身优质的乡村环境反向吸引周边大都市纳什维尔的音乐传奇大人物们。于是，在罗伊·克拉克的带动下，名人纷纷效仿，先锋之子（The Sons of the Pioneers）等众多音乐传奇人物都把剧院开在了布兰森。

各大名人剧院的建设都各有特色，布兰森剧院区演出场所主要沿两条主要道路建设，并在外观内饰上体现地道的乡村格调。以猫王（Elvis Presley）、达顿（Dutton）、米奇·吉利（Mickey Gilley）等美国音乐戏剧名人为主题的演艺场所，内部演出以怀旧和创意模仿秀为主。同时，以乡村音乐、蓝调音乐、爵士乐、摇滚乐、舞台剧等门类为主题的演艺场所，吸引专项爱好者集聚。借助这些好作品和名人剧院，布兰森剧院区在国际舞台声名鹊起。

由此，从乡村音乐发展到乡村文化主题的秀，再到一系列乡村剧场，**布兰森正是拥有一个个拿得出手的好作品和一系列风格独特的聚集的名人剧院，引来了更多的观众，形成了更广泛的文化共鸣，这才是小城镇发展文化演艺的制胜一拳。**

3. 组合拳三——一个好环境+一群好场所：最自然的环境，融合最休闲的娱乐

随着游客们如潮水般涌来，只要是演出，都能盈利；而经营其他的生意，

---

① 普雷斯利乡村音乐剧院（Presleys' Country Jubilee），https://www.presleys.com/.
② 罗伊·克拉克的名人剧院（Roy Clark Celebrity Theatre），乡村音乐大师罗伊·克拉克（Roy Clark）于1983年在布兰森开设的第一个名人剧院。

▲ 纳什维尔街道上乡村音乐主题的艺术雕塑（图片来源：全景网）

也同样要有钱可赚。剧院区独特的霓虹和自然的环境融合，无疑是布兰森独一无二的体验。布兰森地理位置非常独特，坐拥一山三湖——桌岩湖（Table Rock Lake）、塔尼科湖（Lake Taneycomo）、布肖尔湖（Bull Shoals Lake）和欧扎克山。山水相连，错落有致，拥有让都市人向往的、自然的环境。

因此，布兰森要做的就是在最自然的环境中，一方面提供最都市的文化娱乐设施；另一方面提供最娱乐的旅游业态，这样才能对都市人产生吸引力。

说到最都市的文化娱乐设施，76号公路便是布兰森小镇这种演艺主题休闲的缩影。白天，这里风景秀丽；夜晚，则霓虹闪烁。49家小剧院密集排列，绚彩夺目的广告牌标榜着乡村音乐、蓝调、爵士乐、摇滚、古典音

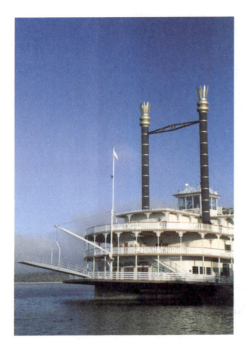

◀ 布兰森塔尼科湖上的"布兰森·贝勒演绎游船"（Branson Belle Showboat）（图片来源：全景网）

▶ 布兰森剧院区中的吉姆·斯塔福德剧院（Jim Stafford Theater）（图片来源：全景网）

乐、舞台剧、喜剧、杂技、魔术等多元的节目……除本地创作的经典乡村剧目外，在布兰森还可以"一日走遍美国"，欣赏到美国各地流行音乐、百老汇经典音乐剧片段等。此外，在这里还能观看来自中国、俄罗斯、东南亚等地方剧团的演出。布兰森通过每周更换节目单，吸引观众"常来常新，常新常来"。布兰森还时时举办主题音乐节庆，以保持演艺市场的持久吸引力：布兰森世界音乐节、布兰森牛仔音乐节、布兰森蓝草烧烤节、圣诞音乐嘉年华、布兰森房车音乐节、布兰森乡村音乐大赛等丰富多彩的节庆，结合本地的游轮、烟花、美食、野餐、灯展等趣味活动，营造出"夜夜笙歌、天天有乐"的欢乐氛围。

说到最娱乐的旅游业态，布兰森的旅游产业自有一套——紧紧抓住人们对于"乡土"的渴望：不同于高雅艺术的"端着架子"拒人千里，乡土的亲切就来自其符合人们消费中"猎奇"及"吃喝玩乐"等"接地气"的需求。

为此，布兰森打造了"乡土气息"景区，以新奇博人眼球——"信不信由你奇趣馆"（Ripley's Believe It Or Not），不仅建筑外形"七扭八歪"，还收集了400多个怪异的东西，如干枯的人头、吸血鬼杀戮工具包、旋转涡旋隧道等。冰山旁的泰坦尼克号博物馆，还原了100年前的豪华航行，收藏着唯一一件被当时乘客使用过的救生衣。在银元城打造了世界上最快、最陡峭、最高的木质旋转过山车——足有16层楼高、从山腰垂直落下10层、车厢360度旋转……为游客带来非常刺激的体验。①

其次，布兰森还提供"吃喝玩乐购住"全方面服务，成为美国中部度假胜地。布兰森旅馆200多家、餐馆400多家、高尔夫球场13个、直销商店200多家②，为游客日间休闲提供了丰富多样的选择。带孩子的家庭可以去白水水上乐园、好莱坞蜡像馆、恐龙博物馆、蝴蝶宫等；户外休闲爱好者可以钓鱼、打猎、玩高尔夫、骑马等；水上运动爱好者则可以玩游艇、水

---

① 环球网：《美国"乡村音乐之都"布兰森市五大奇观》，https://go.huanqiu.com/article/9CaKrnJAQRW，2013-06-13.
② 冯鸣台：《来去布兰森 视听新享受》，美国《世界日报》，http://www.chinanews.com/hr/2015/04-13/7204167.shtml，2015-04-13.

上摩托、鸭子船；冒险爱好者还能体验更刺激的鹦鹉式滑索、蹦极、翻滚列车、游鬼屋等。此外，也可以去"登陆"特色购物街、奥特莱斯等大型商业中心购买大牌服装、音乐主题纪念品；还可以住在大雪松酒店度假村（Big Cedar Lodge），在欧扎克山脉、桌岩湖湖畔的环境中享受高品质的度假服务，过着神仙般的隐居生活。

因此，小城镇发展文化演艺区，和大城市打造"艺术聚集区"必须有所差异。小城镇发展演艺聚集区一定要做足热闹、做足自然，而不是盲目追求高端。只有在保持乡村乡土、自然的魅力的同时，又能为城市人群提供都市化的休闲娱乐，由此才能真正吸引到人，做强自身的演艺区。

4．组合拳四——一个好点子＋一个好目标：抓住家庭客群，用最实在的"土"方法营销

20 世纪 70 年代汽油短缺期间，布兰森靠聪明的城市营销拯救了自己。当时大约有 85% 的游客开车前往布兰森，然而石油危机阻碍了游客的旅行能力。一群布兰森的商人聚在一起购买汽油并提出了"如果你到这里，我们会送你回家"的城市营销口号。由此，也真的吸引了很多城市游客前往布兰森。

除此次聪明的城市营销，布兰森非常明确自身营销的客群——家庭客群，提供了以家庭导向主题的表演，这为布兰森赢得了更高的声誉。在布兰森，很多剧院的表演都是以家庭生活主题的表演为主，表演内容质朴、健康，成为家庭团聚、学生暑期、公司旅游、俱乐部活动和会议展览等附近各种游客首选的地方。

总之，作为美国三大音乐演艺中心，身为美国中部小村镇的布兰森自有成功之道：抓住时代机遇，真正抓住"乡土"的本质——寻求能和都市人群形成共振的质朴艺术载体，为都市人群打造那些接地气的休闲服务设施。

对照中国小镇演艺区的发展，可以从布兰森刚柔并济的组合拳中得到很多借鉴。最重要的是，小城镇文化演艺发展不是文化搭台、经济唱戏，不是必须建设多么高雅的音乐或舞台剧，也不是邀请多大腕儿的演艺明星，或者建造多么密集和造型奇特的剧院建筑。小城镇演艺发展的核心，一定是基于自身条件，寻找和挖掘最能打动人心的、能与千千万万大都市人情感共振的音乐或演艺形式，以获得更广泛的共识，得到更持续的发展。

华高莱斯

华高莱斯国际地产顾问（北京）有限公司（简称华高莱斯）创立于2003年，是一家对中国国情理解深刻且具有国际视野的战略咨询公司。华高莱斯成立以来，一直秉持"原创·定制"的服务理念，站位"城市+"，为中国各级地方政府提供"产城人"融合发展的系统解决方案。

华高莱斯微信公众号

丈量城市微信公众号